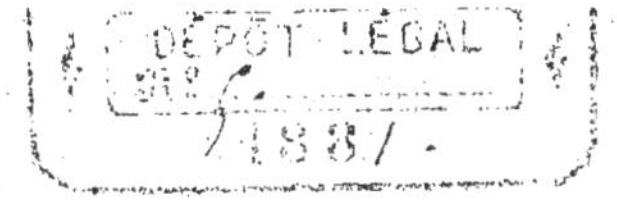

RELATIONS

ENTRE

LA FRANCE & LA RÉGENCE D'ALGER

AU XVIIe SIÈCLE

DEUXIÈME PARTIE

LA MISSION DE SANSON NAPOLLON

(1628-1633)

PAR

H.-D. DE GRAMMONT

ALGER
ADOLPHE JOURDAN, LIBRAIRE-ÉDITEUR
4, PLACE DU GOUVERNEMENT, 4

1880

RELATIONS

ENTRE

LA FRANCE ET LA RÉGENCE D'ALGER

AU XVIIe SIÈCLE

RELATIONS

ENTRE

LA FRANCE & LA RÉGENCE D'ALGER

AU XVIIe SIÈCLE

DEUXIÈME PARTIE

LA MISSION DE SANSON NAPOLLON

(1628-1633)

PAR

H.-D. DE GRAMMONT

ALGER
ADOLPHE JOURDAN, LIBRAIRE-ÉDITEUR
4, PLACE DU GOUVERNEMENT, 4

1880

RELATIONS

ENTRE

LA FRANCE & LA RÉGENCE D'ALGER

AU XVIIe SIÈCLE

DEUXIÈME PARTIE

LA MISSION DE SANSON NAPOLLON

(1628-1633)

Après la mort de M. Chaix (1), le consulat d'Alger resta inoccupé pendant plus de sept ans. Personne ne se souciait d'un poste aussi dangereux ; M. de Vias, qui en était le titulaire, était empêché de s'y rendre par l'âge et les infirmités ; et la ville de Marseille se vit contrainte, pour sauvegarder ses intérêts, de faire gérer les affaires par des résidents français qui se chargèrent de remplir l'intérim, moyennant une gratification annuelle de cinq cents écus (2). On ne tarda pas à reconnaître les inconvénients

---

(1) Voir la première partie de ces études : *Les deux canons de Simon Dansa*. (Alger, 1879, in-8°).

(2) Dans son ouvrage intitulé : *Archives du Consulat général de France à Alger* (Marseille, 1863, in-8°), M. Devoulx affirme que *les consuls furent payés directement par la Chambre de commerce de Marseille jusqu'en* 1718. Cette assertion n'est pas complétement exacte : à l'origine, les consuls n'eurent d'autres appointements que les droits consulaires, et encore étaient-ils forcés d'acheter leur charge, comme le prouvent divers actes notariés que nous aurons l'occasion de citer : du reste, le mode de nomination et de paiement de ces agents a changé plusieurs fois, et il y a lieu d'en faire une étude à part.

de ce mode de procéder. Ces nouveaux agents, qui exerçaient le négoce pour leur compte, se montrèrent souvent trop enclins à négliger l'intérêt général pour favoriser leur propre commerce ; d'ailleurs leur profession mercantile ne commandait pas le respect (1), et ne leur permettait d'avoir aucune influence sur une population qui a toujours affiché le mépris du trafic et de l'industrie. Il résulta donc du nouvel état de choses que les délégués (2) furent peu écoutés, ne furent reconnus aptes à traiter ni par les Pachas, ni par le Divan, et que les déprédations ne firent que s'accroître de jour en jour. Quelques documents très-curieux, que nous allons reproduire ici, nous donnent le nombre des vaisseaux récemment capturés, et des places saccagées par les Algériens ; s'il faut en croire le premier de ces documents, la population d'Alger, qu'Haëdo avait évaluée à une centaine de mille hommes en 1583 (3), était arrivée au chiffre presque fabuleux de deux cent mille :

Lettre de M. Guillerny à M. de Peyresc, conseiller du Roy en la Cour du Parlement, à Aix.

Marseille, ce 18e octobre 1623.

« MONSIEUR,

» (4) J'ay bien du deplaisir d'avoir tant tardé de vous avoir envoyé ce que j'eus l'honneur vous promettre, qu'est ce dénom-

(1) Voir les lettres de Sanson Napollon que nous publions dans cette étude.

(2) Ces délégués furent MM. Ancelme, Martelly, Thomassin, le capitaine Clavel et Fréjus, qui paraît avoir joué un rôle assez louche. La famille Fréjus possédait encore des comptoirs au Maroc au commencement du dix-huitième siècle.

(3) *Topografia y historia general de Argel*, chap. XI et suivants. — Il importe de remarquer à ce sujet, que, contrairement à l'opinion émise par divers auteurs, Haëdo avait séjourné à Alger. Voir Haëdo lui-même *(Epitome de los Reyes*, passim), et le Père Dan *(Les illustres captifs*, manuscrit n° 1919 de la Bibliothèque Mazarine, livre II, chap. XII).

(4) Manuscrits de Peyresc, tome VII, fos 60, 61, 62 (Bibliothèque de Carpentras).

brement du peuple d'Alger, et autres petittes remarques quy suivent sur ce suiet, mais j'atendois d'un jour à autre la venue de ce personnage duquel je puis aprendre les dattes de ceste petite relation de l'entreprise de Tabarque, et....... (1).

Année 1621. — *Nombre de peuple et abitans de la ville d'Alger, autrement Gezer, consistant presque à deux cent mil ames.*

» En l'année mil six cens vingt et un, il fut fait un exact roolle de touttes les familles de ladite ville quy allait au nombre cy marqué, savoir : de famille des Turcs 30,000, les familles des Mores 97,000, et des familles des Juifs 10,000, et 18 ou 20,000 esclaves. Cedit roolle et dénombrement fut fait à cause de la peste, pour y establir les ordres à ce requis, de laquelle malladie il en moureut presque 50 ou 60,000 personnes.

» Et, dans le nombre sus dit, il y peut avoir des gens pour porter les armes vingt mil personnes, dans lequel nombre y sont comprins dix mil genissères payés, et à ce nombre ausssi comprins cinq mil zouaves, c'est-à-dire Mores de paye et dans ladicte paye il faut aussi comprendre les couloulis. C'est le tittre des enfans de genissères quy sont au nombre de cinq mil, lesquels, ore leur naissance, tirent paye. C'est en quoy plusieurs ne manquent de dire qu'il y a quinze mil genissères cappables de porter les armes, n'y comprenant pas les cinq mil couloulis, comme d'effet le vray nombre de genissères cappables de porter les armes ne consiste qu'a dix mil ou environ, duquel nombre encor tous ne sont pas cappables de servir et de se battre, attendu un assez grand dombre de vieillards qu'il y a quy sont tout effet (*sic*) inutilles pour l'exercice des armes.

» De plus, en sertain temps de l'année, ils sortent de laditte ville neuf à dix mil soldardz, tant genissères qu'autres et à diverses escoadres, principallement des vaisseaux qu'ils arment jusques au nombre de cent qu'ils ont, dans lesquels ils s'y partent

(1) Suivent des formules de politesse.

tousiours environ 6,000 soldardz ; et d'ailleurs ils draissent trois camps ainsy appelés par eux, qu'ils envoyent dans leur pays pour faire payer le tribut que les Mores arabes doivent payer annuellement au Grand Seigneur, scavoir : du costé de Constantine, ils y envoyent 800 ou 900 hommes. Du costé de Tremessen, autant ou plus. Et du costé de la Sarre et de l'Abesse (1), ils y vont ordinairement 1,500 hommes, tellement qu'en ces trois camps ils sortent tous les ans de laditte ville environ 3,300 hommes, lesquels, joinctz avec six mil soldardz, qu'ils ont sur les ditz vaisseaux, font 9,300 soldardz, lesquelz, soubstraictz de 20,000, reste en laditte ville anviron 10,000 soldardz pour la garde d'icelle.

» Et outre ce, ils ne souloient armer que trois gallères et brigantins : mais aiourd'huy ils en arment jusques à sept, dans lesquelles ils y vont dans chacune d'icelles anviron 300 hommes, tant genissères turcs que reniés, quy sont 2,100 bons soldardz quy (*sic*) faut encor oster du dict nombre de 20,000 quy restent pour la garde de laditte ville, de fasson qu'il n'en reste que 8,000 pour la garde d'icelle.

Nombre des vaisseaus prins à diverses nations et forteresses sacagées au Roy d'Espagne par les corsaires d'Alger durant le temps de huict années, scavoir despuis l'an 1613 *jusques en l'année* 1621.

» Premièrement, 447 vaisseaus de Olande ;

» Plus, 193 vaisseaus francois, tant de Ponent que du Levant ;

» Plus, 56 vaisseaus alemans et annabattistes ;

» Plus, 60 vaisseaus d'Angleterre ;

» De plus, 120 vaisseaus d'Espagne, tant caravelles que vaisseaus ronds, et par dessus lesditz vaisseaus un grand nombre de barques le long de la coste d'Espagne ;

» Plus 60 barques de la coste de Provance et Languedoc ; et le tout a été prins et coppié sur un roolle que le consul des Fran-

(1) L'Isser et les Beni-Abbes.

cois tenoit autrefois en la ville d'Alger, sans y comprendre les vaisseaux et barques qui ont esté bruslés par eux et coulés à fondz ;

» Le nombre des ditz vaisseaus et barques prins par lesditz corsères consiste à 936.

Nombre des places et bourcs quy ont esté saccagés par lesditz corsères d'Alger au Roy d'Espagne.

» La première de ladítte année 1613, ce fust l'isle Ste-Marie, qu'est à la mer Osséane un peu dela le destroit et fut prinse par cinq vaisseaus commandés par Solliman Rays, Flaman renégat, et hors du buttin qui fut assez bon, ils y prindrent prisonniers 120 personnes.

» De plus, l'isle de Porto-Santo, prosche les isles de Canarie fut prinse et saccagée par Solliman Rays et Moustaffa Rays avec neuf vaisseaus, la ou ilz prindrent 700 personnes esclaves et un fort riche buttin.

» Et l'isle de Piegne, proche l'isle des Terseros, en Gallice, fut abordée deux fois par les ditz corsaires, et prindrent avecque le butin 900 personnes ou environ, et la dernière fois qu'elle fust saccagée ce fust par un Flaman renégat, nommé Jean Jams, et despuis étant renié fust nommé Morat, et ce fust avecque les vaisseaus de Solliman Rays et de deux autres qu'estoient au nombre de sept vaisseaus.

» Sept gallères, scavoir : cinq de Bizerte et deux d'Alger s'en allèrent vers le Levant, la ou elles donnèrent à un vilage appelé St-Marc, qu'est dans l'isle de Cecille, la ou les ditz corsaires firent grand butin et apres bruslerent ledit vilage et enleverent environ quatre à cinq cent personnes.

» Après, les mesmes gallères avecque trois vaisseaus ronds tirèrent long la coste d'Espagne ou ils saccagerent un vilage nommé Adre la ou l'on fait tres grande quantite de sucre. »

Ainsi, dans une période de huit ans, les corsaires avaient ramené neuf cent trente-six bâtiments dans le port d'Alger ! Et ce chiffre énorme est loin de représenter le total des prises qui avaient été faites : car, à cette époque, il était de règle que le corps et les agrès du navire capturé devinssent la propriété du Pacha (1) ; et, dès lors, on comprend facilement que les reïs ne se donnaient pas la peine de remorquer ou de convoyer le vaisseau qu'ils avaient amariné ; ils se contentaient de faire passer les marchandises à leur bord, et sabordaient ensuite ou incendiaient la coque. Ils avaient même tout avantage à procéder de la sorte : car cela leur permettait de détourner une partie du butin, au préjudice des armateurs et du Pacha. On ne tarda pas à s'apercevoir de ce que cet arrangement avait de vicieux, et, vers 1640, il fut arrêté que les prises seraient entièrement vendues aux enchères, pour être partagées sans réserve (2). Il ne subsista de l'ancienne coutume qu'un certain droit, dit de *caraporta*, qui attribuait aux gardiens du port la voilure et les agrès du mât de poupe.

Il fallait cependant songer à arrêter la marche du fléau, et le Roi se décida à utiliser, dans cette circonstance, les talents du capitaine Sanson Napollon, gentilhomme ordinaire de sa chambre et chevalier de l'ordre de St-Michel. A l'exception des dix dernières années de sa vie, nous ne savons que bien peu de choses sur cet homme (3), dont la grande figure méritait de la postérité plus d'attention qu'elle n'en a obtenu. Chargé par son souverain des missions les plus délicates, il y apporta une très-grande

---

(1) Voir Haëdo (*Topografia y historia general de Argel*, chap. XXI).

(2) Voir Laugier de Tassy (*Histoire du royaume d'Alger*, Amsterdam, 1725, in-12, page 271).

(3) L'histoire de l'Algérie a été tellement négligée jusqu'aujourd'hui que, dans aucun des grands recueils biographiques, on ne trouve le nom de Sanson Napollon. C'est ainsi qu'on a laissé tomber dans un oubli presque complet cet homme, dont le nom se rattache à la fois aux négociations de la France dans le Levant, à la reconstitution du Bastion de France, et à la rédaction d'un traité qui a servi de modèle et de base à tous ceux qui ont été conclus plus tard avec les puissances Barbaresques.

intelligence et une rare fermeté (1) ; il déploya surtout cette dernière qualité lorsqu'il s'agit de faire respecter le pavillon Français (2) par des nations à demi-barbares. Mais ce fut tout particulièrement dans sa mission d'Alger qu'il se montra à la hauteur des diplomates les plus habiles et des hommes d'action les plus énergiques. Il ne mit pas longtemps à connaître le véritable état des choses et à s'apercevoir qu'il était tout à fait inutile de traiter avec les Pachas, dont l'autorité réelle était complétement nulle, et auxquels il aurait été absolument impossible de faire respecter leurs engagements, quand même ils en auraient eu l'intention bien arrêtée. Il vit que le véritable pouvoir était aux mains de la Taïffe, et se résolut à agir en conséquence. Jusqu'à lui, les envoyés français avaient borné leurs moyens d'action à faire transmettre leurs plaintes au Sultan par l'entremise de l'ambassade de Constantinople, qui obtenait le châtiment ou la destitution des délinquants. Les nouveaux gouverneurs qui arrivaient n'étaient pas plus écoutés que leurs prédécesseurs, et les mêmes infractions se reproduisaient fatalement. Sanson Napollon abandonna ces anciens errements et entra dans une voie nouvelle. Il s'aboucha avec les personnages les plus considérables d'Alger, ceux qui avaient, pour une raison ou une autre, la plus grande influence sur la milice et sur le peuple. Laissant de côté le Pacha, auquel il se contenta d'offrir quelques présents de temps à autre, il se fit des amis particuliers de l'Agha et du trésorier des janissaires. Il tint table ouverte pour les principaux d'entre les Reïs et réunit autour de lui tous ces redoutables chefs de la Taïffe qui étaient les véritables rois d'Alger, les Morat Reïs, Ali Arabadji, Soliman-Reïs, Ali Bitchnin. Il ne cessait de représenter à tous ces capitaines-corsaires, auxquels il plaisait personnellement par sa générosité, ses manières ouvertes et son audace aventureuse, la grandeur de la France et le danger qu'il y avait pour eux à se

(1) Il avait été envoyé à Constantinople pour faire une enquête sur les différends qui s'étaient élevés entre M. de Césy et le personnel de l'ambassade ; il ne craignit pas de donner tort à l'ambassadeur, qui lui en garda une terrible rancune.

(2) Voir les faits relatifs à Smyrne, p. 143.

fâcher avec elle. Il leur rappelait ce mot de Kheïr-ed-Din : « *Si tu te brouilles avec le Français, fais la paix avant le soir* », et cet autre dicton, d'une popularité déjà presque séculaire : « *Le Français peut cuire sa soupe chez lui, et venir la manger chaude à Alger.* »

C'est ainsi qu'il était arrivé à pouvoir traiter dans l'intimité les affaires les plus graves, si bien que, lorsqu'elles surgissaient plus tard devant la tumultueuse assemblée qui devait décider de la paix ou de la guerre, le vote était déjà acquis en sa faveur, et les personnages les plus influents, entraînant leurs créatures, faisaient réussir ses demandes par acclamation. La situation toute exceptionnelle qu'il s'était ainsi créée ne manqua pas d'exciter la jalousie des délégués, aveuglés par des préjugés de race, et dont l'esprit étroit ne pouvait comprendre la finesse de ces manœuvres diplomatiques. Ils allèrent jusqu'à incriminer ses amitiés (1), à l'accuser de s'être fait renégat, et à susciter contre lui la colère des magistrats et du peuple de Marseille, auxquels ils le dépeignaient comme favorisant les intérêts Algériens au détriment de ceux de la France. Dédaigneux de ces clameurs, et appuyé sur la confiance que lui témoignait le Roi, il persévéra dans sa ligne de conduite. Le document (2) que nous publions ci-après nous montrera, mieux que ne le pourrait faire aucun récit, quels obstacles il eut à vaincre, et de quels moyens il fut forcé de se servir, pour arriver à la conclusion d'une paix, qui eût sauvegardé notre commerce du Levant, si la garde en eût été confiée à des mains plus habiles :

---

(1) Voir la lettre de M. Blanchard que nous publions plus loin.

(2) Ce n'est pas seulement comme pièce rare et curieuse que je reproduis ce document ; j'ai remarqué à diverses reprises, dans les extraits qui ont été livrés à la publicité, des discordances de texte, et même de notables écarts dans le chiffre des dépenses faites, soit pour le rachat des captifs, soit pour les présents. Il est probable que ces divergences proviennent de l'emploi de textes erronés. Celui qu'on va lire a été copié avec soin sur le manuscrit de la Bibliothèque nationale, n° 7093, Fr. (Fonds Mortemart).

Discours au vray de tout ce qui s'est passé tant au voyage que le sieur Sanson Nappolon, gentilhomme ordinaire de la chambre du Roy, et Chevalier de l'ordre de St-Michel a faict à Constantinople par le commandement de Sa Majesté qu'à Thunis et à Alger, pour le traicté de la paix de Barbarie, avec le compte de l'estat de la reecepte et despence, sur ce faicte et rachapt des esclaves.

« En l'année mil six cents vingt-trois, le Roy commanda au sieur Sanson Nappolon, gentilhomme ordinaire de Sa Majesté, par exprez commandement, contenu en la depesche qu'elle luy auroit envoyée, pour cet effet de s'en aller à Constantinople et Smirne pour les affaires de Sadite Maiesté, auquel voyage ledit Nappolon a employé vingt mois entiers, servy dignement Sadite Maiesté pendant ledit temps, et entièrement exécuté le contenu de ses commandements, ainsy que Sa Maiesté la particulièrement déclaré, tant par ses arrests que autrement. Ayant aussy au mesme temps ledit Nappolon accordé les grands differends qui estoient entre Monsieur de Cesy, Ambassadeur à la Porte du Grand Seigneur et le sieur Ollivari, premier interprète de Sa Maiesté, aux affaires de laquelle lesdits différends apportoient un grand preiudice.

» Pendant ledit voyage a aussy ledit Nappolon retiré deux navires Marseillois, que les corsaires avoient pris et iceux renvoyez aux proprietaires.

» Auroit encore au mesme temps, ledit Nappolon délivré d'esclavitude soixante Francois, qui étoient aux galeres de l'archipel.

» A outre ce auroit ledit Nappolon pour la gloire de Dieu et pour le service de Sa Maiesté, et au nom d'icelle estably une maison et colleges des Peres Jesuites en la ville de Smirne, ainsy que les Peres dudit ordre le certifieront. »

» A de plus donné le commencement ou redressement d'une Eglise, dediée à Nostre-Dame, en la ville de Sio, et obtenu pour cet effet la permission dudit Grand Seigneur.

« A donné aussy ayde, assistance, et rendu service audit sieur Ambassadeur envers les ministres dudit Grand Seigneur, en sorte qu'on auroit aussy obtenu la conservation de l'Eglise de Saint-Anthoine, audit Constantinople, ce que ledit Nappolon iustifie par lettres expresses sur ce suiet, dudit sieur Ambassadeur.

» En l'année mil six cents vingt quatre et au mois de juin, ledit sieur Ambassadeur envoya audit Nappolon, estant lors en ladite ville de Smirne, deux capigi dudit Grand Seigneur, accompagnez de six serviteurs, portants les commandements dudit Grand Seigneur, et autres lettres de ses ministres, adressantes aux Bachas et milice de Tripoli, Thunis et Alger, pour rendre les Francois qui estoient retenus esclaves esdits pays, avec ordre de vivre à l'advenir en bonne paix avec les suiets de Sa Maiesté. Ledit sieur ambassadeur mandant audit Nappolon de la part de Sa Maiesté d'accompagner lesdits capigi esdits pays.

» Ayant aussy ledit sieur Ambassadeur tiré une lettre de change sur ledit Nappolon, de la somme de sept cents livres, à laquelle il disoit les frais desdites expeditions se monter, laquelle lettre de change ledit Nappolon auroit acquitée de ses propres deniers.

» Il seroit arrivé aussy pendant ledit temps, que ledit Nappolon ayant retiré une barque francoise, et ayant fait arborer sur icelle l'estendard de France, la milice et le peuple de ladite ville de Smirne, s'eslevant contre ledit Nappolon, et reprindrent ladite barque, des-arborerent ledit estendard de France, et mirent celuy du Grand Seigneur en son lieu, et celuy de France au-dessous par soubmission. Ce que ledit Nappolon fit courageusement et honorablement reparer ; ladite barque ayant esté rendue, et l'estendard dudit Grand Seigneur abbatu, et celuy de France, remis de la propre main du Président de la Justice de ladite ville à l'honneur et gloire du Roy ; ainsy que ledit sieur ambassadeur sçait très-bien et comme il le certifiera.

» Et afin de satisfaire promptement au vouloir et intention de Sadite Maiesté touchant le voyage desdits capigi, iceluy Nappolon auroit noulizé et freté un navire, et convenu avec lesdits capigi pour leurs despenses et de leurs serviteurs, à raison de huit livres par iour, avec promesse qu'ils seroient recompensez de leurs peines et vaccations suivant leurs mérites.

» Le quatriesme de juillet ledit Nappolon, et lesdits capigi partirent de ladite ville de Smirne, et arriverent le douziesme d'aoust audit Thunis, et en mauvaise saison, à cause qu'il estoit survenu audit lieu un grand et sanglant combat, entre les galeres de Malte et celles de Thunis, et que la plus grande partie des chevaliers et soldats qui estoient sur lesdites galeres de Malte estoient Francois (1) ; nonobstant cela ledit Nappolon auroit tant fait qu'il auroit retiré d'esclavitude un grand nombre de Francois, et fait promettre à ceux dudit Thunis, de vivre d'oresnavant en bonne paix avec les suiets de Sa Maiesté, ayant fait conduire la pluspart desdits Francois à Marseille à ses propres despens.

» Ce fait ledit Nappolon seroit venu trouver Sa Maiesté, pour luy rendre particulierement compte de sondit voyage, laquelle ayant veu le bon succez diceluy, et advantageux progrez qu'avoit fait ledit Nappolon, et demeurant entièrement satisfaict de luy, ainsi que Sa Maiesté l'a amplement declaré par l'instruction qu'elle luy a depuis donnée, signée de sa main du quatorziesme de janvier mil six cents vingt six, portant nouveau commandement audit Nappolon de s'en aller en Barbarie pour luy continuer son service aux occasions et aux affaires contenues en ladite instruction de sadite Maiesté, et entr'autres choses pour tascher de traiter avec le Bascha et milice d'Alger une bonne paix à l'avenir avec les suiets de Sadite Maiesté : laquelle auroit fait delivrer audit Nappolon la somme de quinze mil livres, pour employer à faire des presents aux Bachas, et principaux dudit Alger conformement à ladite instruction de Sa Maiesté.

» Ayant esté trouvé bon par Sadite Maiesté que ledit Nappolon traiteroit en vertu du commandement du Grand Seigneur, et

(1) Le rôle brillant que jouaient les chevaliers français de l'ordre de St-Jean de Jérusalem, dans les croisières et les expéditions dirigées contre les puissances musulmanes, était la cause de bien des ruptures et de réclamations incessantes. Les Turcs ne voulurent jamais comprendre que le Roi de France permît à ses sujets de porter les armes contre une nation alliée, et nous accusaient de mauvaise foi. « *Vous prétendez que vous êtes nos amis*, disaient-ils à nos ambassadeurs, *et nous rencontrons partout des vôtres au premier rang de ceux qui nous font la guerre.* » En fait, le Roi subissait la conséquence naturelle d'une situation ambiguë, étant d'une part l'*allié du Turc* et, de l'autre, le *fils aîné de l'Église.* (Voir Charrière, *Négociations de la France dans le Levant*, documents inédits. Tome IV, p. 502, 520, 550).

comme subdélégué de Monsieur de Guyse, et suivant le pouvoir que Sadite Maiesté en a donné audit sieur duc de Guise.

» En exécution duquel commandement de Sa Maiesté, ledit Nappolon partit de Marseille, le neuf juin ensuivant en ladite année mil six cents vingt six, pour s'en aller audit Alger, ayant noulizé le vaisseau nommé le *Bon Jesus* de Marseille, du capitaine Balthazar d'Allesy, à la somme de deux mil quatre cents livres, sur lequel vaisseau ledit Nappolon embarqua pour la valeur de dix-huict mil quarante une livres d'estoffes pour faire lesdits presents, suivant ledit ordre de Sadite Maiesté, et ainsy qu'il appert par la certification dudit seigneur duc de Guyse, et par la visite des officiers de l'Amirauté de Marseille, enregistrée au greffe de ladite Amirauté.

» Ledit Nappolon seroit arrivé en Alger, le vingtiesme juin audit an, presenté aux ministres et principaux de la milice le commandement dudit Grand Seigneur, et à iceux fait les dons et presents susdits, ayants tesmoigné de voulloir obeir ausdits commandements, en faveur des suiets de Sadite Maiesté.

» Mais quelques envieux (1) de l'Estat de Sa Maiesté, se mirent incontinent à traverser ledit Nappolon, et tascherent par toutes sortes d'artifices et inventions d'empescher ledit traicté et supposerent contre ledit Nappolon, luy ayant plusieurs fois par ce moyen fait courir risque de sa vie, pour laquelle garantir, et parer à toutes ces attaques, ledit Nappolon a souffert de grands travaux, et contraint de faire de grandes et extraordinaires despenses.

» A entr'autres artifices dont lesdits ennemis de la France se seroient servis pour empescher ledit traicté, et notamment pour faire perir ledit Nappolon, ils firent entendre audit Bacha et milice, et soustindrent que les commandements qu'il portoit dudit Grand Seigneur, estoient faux et supposez, et ainsy qu'il

---

(1) Ces *envieux* étaient les agents anglais de la grande Compagnie des vingt vaisseaux, qui demandaient la concession de Collo et de Bône ; ils prodiguaient les présents pour arriver à leurs fins, comme ils l'avaient déjà fait en 1610.

falloit le brusler ; neantmoins Dieu qui est le vray protecteur de l'innocence, garantit ledit Nappolon, et fut resolu qu'on deputeroit vers le Grand Seigneur le nombre de vingt personnes, des principaux et plus apparents de ladite milice, pour en sçavoir la verité, dequoy ledit Nappolon auroit donné amplement advis à Monsieur l'Ambassadeur.

» Lesdits deputez estant arrivez à Constantinople, et ayants fait entendre le sujet de leur deputation aux ministres dudit Grand Seigneur ; ledit sieur Ambassadeur fut appellé par lesdits ministres, mais il ne voulut comparoistre, disant que ce seroit contre l'honneur de sa charge (1) d'aller devant lesdits ministres avec lesdits deputez ; ainsy qu'il appert par les lettres expressês sur ce suiet dudit sieur Olivari, premier Interprète de Sa Maiesté audit Constantinople, escrite audit Nappolon, du vingt septiesme Novembre, mil six cents vingt-six.

» Mais nonobstant cela lesdits deputez d'Alger furent renvoyez avec nouveau commandement d'obéir à celuy que ledit Nappolon leur aurait porté.

» De toutes lesquelles choses, et traverses qui se sont passées, et qui ont duré un an entier, ledit Nappolon en a toujours donné soigneusement advis à Sadite Maiesté, dont elle a receu grande satisfaction, ainsy qu'il se iustifie particulierement par l'arrest de son Conseil du vingt deuxième juin, mil six cents vingt-sept.

» Apres le retour desdits deputez en Alger, ledit Nappolon retira desdits Bachas et milice leur derniere resolution et volonté, sur le fait dudict traicté, et leurs pretentions sur ce suiet, dequoy ledit Nappolon seroit venu informer particulierement Sa Maiesté, et Nos Seigneurs de son Conseil, sur lequel rapport et conditions proposées, Sadite Maiesté auroit donné arrest le sixiesme Novembre 1627, par lequel, entr'autres choses, auroit approuvé les conditions accordées par ledit traicté, et député le sieur de Bre-

(1) On peut reconnaître ici la mauvaise volonté que manifestait M. de Césy à l'égard de Sanson Napollon, qui avait pris le parti d'Olivari dans la querelle qu'il avait été chargé d'arbitrer (Voir page 142).

ves (1), pour l'accomplissement et execution d'iceluy, et ordonné que les villes et communautez, desquelles ceux qui estoient esclaves en Alger, estoient natifs, advanceroient et payeroient ès mains dudit sieur de Breves, deux cents livres pour chascun desdits esclaves, ainsy que plus au long le contient ledit arrest.

« Sadite Maiesté auroit aussy ordonné que les deniers provenus de la vente et composition de deux offices de Correcteurs des Comptes en la Cour des Comptes de Provence, de nouvelle creation seroient employez à faire pour l'exécution dudit traicté.

» Semblablement Sadite Maiesté auroit ordonné que les deux offices de Thresorier et Receveur du Palais à Aix, alternatif et triennal, et la finance duquel fut modérée à quatre mil livres chascun, seroient baillez audit Nappolon pour remboursement de pareille somme que ledit Nappolon auroit baillee par exprez commandement de Sa Maiesté, ausdits Capigi du Grand Seigneur, pour recompense des services par eux rendus.

» Et apres ledit Nappolon s'en seroit revenu à Marseille, attendre l'ordre dudit sieur de Breves, pour procedder à l'execution dudit traicté ayant quelque temps apres iceluy sieur de Breves envoyé audit Marseille le sieur du Tronchay avec douze pieces de drap pour s'en aller en Alger en la compagnie dudit Nappolon, pour achever ledit traicté, lui donnant advis ledit sieur de Breves, qu'ainsy Sa Maiesté l'avoit commandé : le priant de prendre sur la place audit Marseille, les sommes necessaires pour le rachapt desdits esclaves, attendant que lesdites communautez eussent fait lesdites advances.

» Ce que ledit Nappolon ne pouvant faire par l'ordre d'une simple lettre d'advis, il s'en seroit retourné à la Cour en dilligence pour avoir quelque moyen plus certain et plus prompt pour parachever ledit traicté ; neantmoins ledit Nappolon, quelque sollicitation qu'il ait peû faire, pendant deux mois et demy qu'il auroit séiourné à la Cour pour cet effet, il n'auroit peu obtenir que de belles paroles, et une iussion de Sa Maiesté, seule-

(1) Savary de Brèves, qui avait été déjà envoyé par Henri IV à Alger en 1606, n'avait pas pu parvenir à traiter, et avait failli perdre la vie dans une révolte de la populace (Voir le *Voyage de M. de Brèves*, déjà cité).

ment pour la verification de l'Édit de creation desdits offices de Correcteurs, ce qui n'a pas seulement esté infructueux, mais qui a aussy causé plus de despens audit Nappolon, ladite Cour des Comptes n'ayant iamais voulu obeir en aucune sorte aux commandements de Sadite Maiesté, portez par ladite jussion, et quatre suivantes, et par plusieurs autres lettres de Sa Maiesté : dequoy particulièrement ledit Nappolon l'a informée (1).

» Pendant lequel temps et du depuis Sadite Maiesté a mandé audit Nappolon par plusieurs depesches d'asseurer ceux d'Alger qu'elle a donné ordre pour l'accomplissement et execution dudit traicté, et de l'observation de sa parole Royale, suivant lequel commandement ledit Nappolon les auroit touiours entretenus en esperance, que bientost on iroit de delà pour achever ledit traicté (2).

» Et d'autant que ledit Nappolon ne voyoit nul moyen de pouvoir subvenir aux grandes et notables despenses, qu'il convenoit necessairement faire tant pour le rachapt des esclaves qui estoient ès galeres du Roy, et lesquels il falloit payer aux Capitaines d'icelles (3) à raison de trois cents livres chascun, suivant l'arrest de Sa Maiesté du 22e juin 1627, montant à la somme de cinquante quatre mil livres, ny pour les frais de l'armement de trois navires, qu'il falloit pour aller en Alger, tant pour porter lesdits esclaves, que pour exécuter le surplus dudit traicté, outre la somme de soixante mil livres qu'il falloit pour le moins, pour les autres extraordinaires despences qu'il convenoit faire, tant audit Alger, pour pouvoir achever et executer ledit traicté dignement, et pour la nourriture et despence desdits esclaves ; et n'ayant ledit Nappolon receu aucun denier dudit sieur de Breves,

(1) Ceci est à remarquer, comme exemple de la résistance que les Parlements ne craignaient pas de faire aux ordres royaux, toutes les fois que ceux-ci leur semblaient attenter à des droits acquis.

(2) On conçoit aisément combien toutes ces lenteurs devaient indisposer des gens qui ne pouvaient pas savoir à quoi les attribuer, et qui étaient tous portés à croire qu'on cherchait à leur manquer de parole.

(3) Les capitaines des galères étaient propriétaires de leur chiourme, qu'ils recrutaient ou achetaient eux-mêmes ; c'est là ce qui causait de si grands embarras, quand il s'agissait de rendre ou d'échanger des captifs musulmans.

Commissaire susdit, il estoit contraint, à son grand regret, de quitter et abandonner ladite affaire.

» Ce que voyans les Consuls et Deputez du commerce, et habitants de la ville de Marseille, et reconnaissant combien ladite paix leur estoit proffitable et avantageuse, ils assemblerent le Conseil general de la Ville, où ils appellerent ledit Nappolon, et requirent de leur voulloir dire particulierement le suiet, pour lequel il abandonnoit une affaire qui estoit sy importante au service du Roy et au bien public ; surquoy ledit Nappolon leur auroit fait entendre tout ce que dessus, et fait offre de continuer en cas qu'ils voulussent fournir ce qui estoit necessaire pour achever ledit traicté de paix, et qu'ils deputassent aucun d'entr'eux pour aller en Alger avec luy, pour faire lesdites despenses, et en tenir compte, ou bien qu'il leur remettroit lesdits offices de Correcteurs. Surquoy il fut resolu qu'il ne falloit point abandonner cet affaire, et qu'en toutes sortes il falloit achever ledit traicté de paix.

» Et sçachant neantmoins que les grandes despences qui estoient ià faites, et celles qu'il falloit encore faire, pour parachever ledit traicté, se monteroient à de grandes et notables sommes, ils resolurent pour ne s'engager tout à fait aux payements desdites despences, de contribuer seulement une somme limitée ; et pour cet effet fut tenu diverses assemblées, et par la première resolu de contribuer trente mil livres pour le rachapt des Turcs qui estoient en la galere de Monsieur le duc de Guyse (1). Par la seconde douze mil livres, pour l'equipage de deux navires. Et par la troisieme autres trente mil livres, pour le rachapt des Turcs qui estoient ès autres galeres. Et par la derniere portant confirmation des precedentes, fut aussy resolu les conditions sous lesquelles ladite somme derniere de trente mil livres seroit baillee audit Nappolon, ainsy que plus au long le contiennent lesdits actes des 7e novembre 1627, 13e janvier 1628, 16 fevrier et 27e aougt au dit an. Et par le contract sur ce passé entre lesdits consuls et ledit Nappolon, du 4e septembre au dit an 1628, par

(1) Avec les deux canons enlevés en 1609 par Simon Dansa. (Voir la *Revue africaine*, tome XXIII, p. 13).

lequel il appert que ledit Nappolon n'est obligé à autre chose, sinon, qu'en cas que ladite paix ne se fist, de rendre et restituer ausdits Consuls ladicte somme de trente mil livres.

» Nappolon, desirant de servir le Roy et le public, pour l'accomplissement dudit traicté, il employoit non seulement sa bourse, mais celle de ses amis, et a pris à emprunt la somme de quarante-cinq mil livres du sieur General Bernier, Sieur de Pierre Verte, et luy a engagé pour son asseurance de ladicte somme, les provisions et quittances de deux offices de Correcteurs à la Cour des comptes de Provence, attendu que Sa Maiesté a destiné les deniers provenans desdits offices, aux frais et exécution du dit traicté. De laquelle somme ledit Nappolon a passé obligation audit sieur Bernier, le premier septembre 1628.

» Ledit Nappolon partit de Marseille le neuf septembre au dit an pour aller en Alger, avec trois navires bien munies et esquipées, ainsi qu'il appert par la visitte qu'en ont faite les officiers de l'Admirauté de Marseille.

» Ledit Nappolon estant arrive audit Alger le 17e de septembre audit an 1628, apres avoir traicté avec le Bacha et ministres de la milice, et à iceux fait les presents, et donatifs, à cette fin que les affaires dudit traicté s'accomplissent à l'honneur et à l'avantage de la France; le 19e dudit mois ledit traicté fut conclu et publié en la presence du Bacha, et du General de la milice, et des capitaines des navires de guerre. Et fut accordé d'envoyer un hostage à Marseille pour y demeurer pour la conservation dudit traieté.

» Ledit Nappolon retira au mesme temps un bon nombre de Francois de l'esclavitude. Une barque de Marseille du patron Louis Soribe, chargée de soye et autres marchandises. Une autre barque de la Cioutat, du patron Carbonneau chargée aussy de marchandises. Une autre navire des Sables d'Olonne, lesquelles les corsaires avoyent prises et conduites audit Alger, le tout envoyé à Marseille, ensemble l'hostage que ladite Milice a envoyé pour demeurer audit Marseille, et les despesches du Bacha, et du General de la milice, envoyées au Roy, ensemble un procez verbal de tout ce qui avoit esté fait et négocié audit Alger : le tout adressé audit Marseille à Monsieur le duc de Guyse, ainsy qu'il appert par la declaration dudit Seigneur Duc de Guyse, du second de decembre mil six cents vingt huict, il appert aussy par plusieurs certificats de patrons, le nombre d'esclaves qu'ils ont chargez sur ces navives, et conduit en Provence, attestation des Consuls de Marseille du benefice qu'ils ont receu dudit traieté, fait le deuxième juillet 1629. Et par autre depesche du quatriesme janvier 1631, envoyée a Sadite Maiesté par les consuls de Marseille. »

Estat au vray de la recepte et despence des deniers que la ville de Marseille, et autres de la coste de Provence ont fourny pour le rachapt des esclaves qui estoient ès galeres du Roy, et autres despences pour parvenir à l'accomplissement du traieté d'Alger, suivant le commandement de Sa Maiesté.

RECEPTE

PREMIEREMENT

« Receu de Messieurs les Consuls et Communautez de la ville de Marseille, la somme de soixante douze mil livres, qu'ils ont contribué, ainsy qu'il appert par les actes et deliberations faites en leur Assemblee, et par l'obligation passee pour cet effet avec ledit Sanson Nappolon le quatrièsme septembre 1628, auquel Nappolon fut aussy baille par lesdites communautez un roolle de trente-six habitants de ladite ville qui estoient esclaves audit Alger, pour ce ladite somme de soixante douze mil livres.

» De la ville et communauté de Toulon, la somme de deux mil trois cents livres, qu'ils ont contribué ; et donné un roolle pour le rachapt de sept esclaves, natifs de ladite ville ; ainsy qu'il appert par le contract passé avec lesdits Consuls. Audit an, cy deux mil trois cents livres.

» De la ville et communauté de la Ciotat, la somme de deux mil cent livres, laquelle ladite communauté a contribuée; et donné un roolle pour le rachapt de sept esclaves natifs de ladite ville. Ainsy qu'il appert par le contract passé avec les Consuls de ladite communauté, cy deux mil cent livres.

» De la communauté du lieu de Siffours, la somme de onze cents livres, laquelle ladite communauté a contribuée, et donné un roolle de trois esclaves, ainsy qu'il appert par le contract passé avec les Consuls dudit lieu de Siffours, cy onze cents livres.

» De la communauté de Cassis, la somme de quinze cents cinquante livres, qu'ils ont contribuée, et ont donné un roolle de six esclaves, ainsy qu'il appert par contract passé avec les Consuls dudit lieu de Cassis, cy quinze cents cinquante livres.

» De la ville et communauté de Cannes, la somme de deux cents quatre vingts dix livres, qu'ils ont contribuée, et donné un roolle d'un esclave ainsy qu'il appert par contract passé avec les Consuls de ladite ville et communauté d'icelle, cy deux cents quatre vingts dix livres.

» De la communauté de Martigues, la somme de dix huict cents cinquante livres, qu'elle a contribuée, et donné un roolle de six esclaves, ainsy qu'il appert par contract passé avec les Consuls de ladite ville et communauté, cy dix huict cents cinquante livres.

» Somme totale de la recepte du present estat, la somme de quatre vingts deux mil cent quatre vingt dix livres. »

Despence faite en exécution du traicté de Barbarie, voyage, rachapt d'esclaves qui estoient dans les galeres de France, fret et nolizement de navires, entretenement de capigis du Grand Seigneur, dons et presents, et rachapt d'esclaves Francois, ainsy qu'il sera plus amplement specifié cy apres.

PREMIEREMENT

« Au mois de juin, mil six cents vingts quatre en la ville de Smirne, payé pour l'acquit d'une lettre de change, laquelle Monsieur de Cesy envoya à Nappolon de la somme de sept cents livres, lequel a escrit audit Nappolon de payer, disant l'avoir despendue pour les frais des despesches du Grand Seigneur qu'il a obtenu par le commandement du Roy et envoyé en Barbarie avec les capigi dudit Grand Seigneur et commandé audit Nappolon de les accompagner, pour cecy sept cents livres.

» Pour le fret d'un navire qui a conduit ledit Nappolon et capigi à Malte, pour aller à Thunis, la somme de mil livres.

» Plus, a payé pour le nolis d'un autre navire, qui a porté ledit Nappolon et lesdits capigi de Malte à Thunis, et de Thunis à Marseille, la somme de deux mil livres, pour ce ladite somme de deux mil livres.

» Plus, pour la despence pendant trois mois que Nappolon a seiourné à Thunis, la somme de quatre mil livres.

» Plus, pour les presents audit Thunis au Bacha et au sieur Issouffenday (1), et autres principaux dudit lieu, pour retirer d'esclavitude cent cinquante Francois, appointements à ses patrons; et pour conduire la pluspart de ces esclaves à Marseille, et pour la despence faite pendant la quarantaine qu'il a fallu faire arrivant à Marseille, montant en tout neuf mil deux cents huict livres.

» Plus, ledit Nappolon, apres avoir rendu compte à Sadite Maiesté du voyage susdit, Elle a de nouveau commandé audit Nappolon d'aller en Alger pour traicter avec ledit Bacha et milice, pour vivre en paix avec ses suiets, ayant ledit Nappolon seiourné un an entier audit Alger, pour pouvoir parvenir audit traicté, et pour surmonter les grands obstacles et empeschements que les ennemis de la France ont donné pour destourner ledit traicté, ayant pour cet effet ledit Nappolon, fait de grandes et extraordinaires despences, outre et pardessus les presents que le Roy avoit ordonné de faire, montant lesdits despens à la somme de vingt un mil livres.

» Plus, ledit Nappolon a fait six voyages à la Cour, pendant quatre ans et demy, que ledit traicté a traisné, a fait despence de mil cinq cents livres chascun voyage, qui se montoit à neuf mil livres en tout, cy neuf mil livres.

» Plus a payé à Monsieur le duc de Guyse, pour le rachapt des esclaves qui estoient en sa galere la somme de trente mil livres; ainsy qu'il appert par la quittance que ledit Seigneur Duc de

(1) *Sic.* Il faut peut-être lire : Jusuf Effendi.

Guyse en a faite, en faveur desdits Consuls de Marseille du douziesme du mois de septembre mil six cents vingt huict, cy ladite somme de trente mil livres.

» Plus, il a payé semblablement à Monsieur le Général des Galeres de Sa Maiesté, et aux capitaines d'icelles, la somme de vingt quatre mil livres pour le rachapt des esclaves qui estoient dans lesdites galeres, ainsy qu'il appert des quittances dudit Sieur General et desdits Capitaines, cy vingt quatre mil livres.

» Plus, ledit Nappolon a fourny pour les frais de l'armement de trois navires pour aller audit Alger, despence desdits esclaves qu'il y a conduit, et pour les vaccations de deux cents personnes, soldats et mariniers, qui ont servy et accompagné ledit Nappolon audit voyage, la somme de vingt-un mil livres.

» Plus, pour autre despence faite audit Alger, au Seigneur Amoda, Thresorier de la milice, la somme de onze mil piastres, qui luy a esté donnée, pour estre, disoit-il, donnée aux soldats de ladite milice, pour les disposer à ladite paix, et pour exempter les esclaves Francois du droit de sortie qu'ils devoient payer à raison de quinze pour cent de leur ranson, laquelle somme reduite en monnoye de France, monte le somme de vingt-six mil livres.

» Au Bacha d'Alger la somme de quatre mil piastres de gratification, pour apporter et donner son consentement et son authorité pour ledit traicté, laquelle somme reduite en monnoye de France, revient à la somme de neuf mil trois cents trente-nuuf livres.

» Plus, au Cahya, Lieutenant dudit Bacha, la somme de mil piastres, pour gratification de sa faveur et service qu'il a rendu, laquelle somme reduite en monnoye de France, se monte à la somme de deux mil trois cents trente deux livres.

» A l'Aga, Chef et General de la milice, la somme de deux mil piastres, pour la faveur et assistance qu'il a apporté et son consentement audit traicté, laquelle somme réduite en monnoye de France, revient à la somme de quatre mil six cents soixante-cinq livres.

» A plusieurs Chefs d'escadre du Divan, la somme de trois mil piastres pour estre distribuee à leurs bandes, pour les disposer audit traicté, laquelle somme réduite en monnoye de France, revient à la somme de sept mil livres (1).

» Pour autre despence ordinaire et extraordinaire, faite dans la maison dudit Sanson Nappolon, et pour sa table, la somme de dix sept cents piastres, le tout reduit en monnoye de France, revient à la somme de trois mil neuf cents soixante-neuf livres.

» Plus, pour l'entretenement de deux capigi et jannissaire du Grand Seigneur, et leurs serviteurs durant le temps de quatre années et demie, à raison de huict livres par iour, monte la somme de treize mil cent quarante livres.

» Pour leurs salaires dudit temps, et leurs vaccations, la somme de huict mil cent livres.

Plus, pour le rachapt de trois cents esclaves, la somme de soixante mil livres (2).

» Plus, en l'année 1630, Nappolon a esté appelé en Alger par le Bacha et milice dudit lieu, pour sçavoir pourquoy le Chevalier de Razilly (3) avoit pris et ameiné en France un navire d'Alger, et le suiet pourquoy les Marseillois avoient mal traicté et renvoyé leur hostage : se plaignans de plusieurs autres desplaisirs qu'ils avoient reçeus des Francois, et de ce que le General des Galeres de France, a pris des Turcs sous la foy de la paix, et mis dans les galeres. Et d'autant que Mahomet Oga, capitaine d'un navire que Monsieur de Razilly avoit pris, faisoit savoir que par arrest du Con-

---

(1) D'après le présent compte, la valeur de la piastre ou pièce de huit est de 2,33. — Dans son excellente *Histoire de La Calle* (Alger, 1878, in-8°), M. Féraud cite quelques articles du même compte, avec des évaluations qui porteraient la piastre à 2,50. De plus, les chiffres des sommes données ne sont pas les mêmes que les nôtres : ainsi, dans le document de M. Féraud, le Pacha ne reçoit que 3,000 piastres au lieu de 4,000 ; le Cahya 500 au lieu de 1,000 ; l'Agha des janissaires 1,000 au lieu de 2,000, etc. M. Féraud n'indiquant pas la provenance du texte qu'il cite, je pense devoir m'en référer à la copie du manuscrit de la Bibliothèque nationale.

(2) C'est un prix excessivement modéré : deux cents livres par tête, alors que la rançon moyenne des esclaves de petite condition se montait ordinairement à six cents livres au moins : on reconnaît là l'influence des cadeaux et des festins de l'ambassadeur.

(3) Nous aurons occasion de parler en son lieu de cette aventure, qui faillit faire perdre à la France le bénéfice du traité de 1628.

seil de Sa Maiesté a esté ordonné qu'il seroit payé et desinteressé dudit navire ; pour raison de quoy ils pretendoient une grande somme de deniers, ledit Nappolon ayant esté contraint de payer la somme de quinze mil livres, ainsy qu'il appert par quittance, que ledit Mahomet en a faite audit Nappolon par devant le President d'Alger, cy quinze mil livres.

» Plus, a payé la somme de huict mil livres, que le Consul des Francois dudit Alger se seroit obligé de payer pour l'equipage d'un navire de guerre, qui estoit eschoué à terre au golphe d'Yères, en Provence, iceluy equipage retenu audit lieu de Provence, comme appert par la quittance qu'Esmially et Vesly, capitaines interessez et proprietaires dudit vaisseau, ont fait pardevant le President dudit Alger, et de onze pieces de canon et huict pierriers de fonte qui estoient dudit vaisseau, pour ce, cy huict mil livres.

» Somme totalle de ladicte despence, deux cents soixante-douze mil quatre cents trente-cinq livres.

» Et la recepte monte la somme de quatre-vingts deux mil cent quatre vingts dix livres.

» Partant est deu audit Nappolon la somme de cent quatre vingts mil deux cents quarante cinq livres. »

Le traité (1) tant désiré avait donc été conclu et solennellement proclamé le 19 septembre 1628. Les Algériens s'engageaient à vivre en paix avec la France, et à respecter ses côtes et ses navires, à ne pas tolérer que des marchandises ou des personnes capturées sur des bâtiments français fussent vendues dans leurs ports : il était permis aux marchands de la nation de résider à Alger, sous la protection et la juridiction de leur consul, avec pleine reconnaissance de leurs droits et du libre exercice de leur religion ; les vaisseaux que le mauvais temps contraignait à chercher un abri dans un des ports de la côte devaient y être secourus et protégés ; enfin, les concessions françaises du Bastion

(1) Il a été publié pour la première fois dans le *Mercure François*, qui en donne le texte entier, avec protocoles, etc.

et de La Calle étaient formellement reconnues, ainsi que le négoce des cuirs et des cires avec l'échelle de Bône. Les fortifications du Bastion pouvaient être relevées, et les bateaux corailleurs trouver un asile dans tous les ports de la côte orientale de l'Algérie (1). Cette permission accordée au rétablissement des comptoirs français serait suffisante à elle seule pour montrer combien le négociateur avait su habilement se concilier la faveur des esprits : car, jusqu'alors, jamais les Turcs n'avaient voulu consentir à se soumettre aux ordres du Grand Seigneur en ce qui concernait l'installation des chrétiens dans ces parages. C'était une opinion généralement admise à Alger, que l'exportation des blés de la province de Constantine était la véritable cause des famines fréquentes qui désolaient la ville ; et toutes les fois que la France avait voulu réoccuper les établissements, une expédition était aussitôt partie pour les détruire, en massacrer le personnel, ou l'emmener en esclavage. Il y avait donc un grand point de gagné, et le Divan crut devoir accentuer les motifs qui l'avaient fait revenir sur une détermination bien arrêtée en introduisant dans les actes la clause suivante : « Pour récompense » des services rendus par le capitaine Sanson, il en sera le chef » (du Bastion) et commandera les dites places sans que l'on en » puisse mettre aucun autre. Néantmoins, après son décès, le » Roy y pourra pourvoir à d'autres personnes (2). »

La redevance à payer était fixée à vingt-six mille doubles (3) ; seize mille pour la solde de la milice et dix mille pour le trésor de la Casbah. En somme, tout le monde avait lieu d'être satisfait du traité ; Marseille n'avait plus à trembler pour son commerce du Levant ; le Pacha ne se trouvait plus exposé, d'un côté aux fureurs de l'émeute, et de l'autre au châtiment de sa désobéissance ; la milice voyait avec plaisir s'accroître le trésor qui assurait sa solde ; enfin les Reïs, qu'avait complétement séduits le Capitaine, songeaient que bien des mers leur restaient encore

(1) Voir l'*Histoire de La Calle*, de M. Féraud, déjà citée.

(2) Contrat passé avec le Divan et le consul général d'Alger pour le rétablissement du Bastion et ses dépendances.

(3) Dix-huit mille livres : le double valait 0,50.

ouvertes, que les galions Espagnols et Hollandais leur offraient une abondante et riche proie, et, qu'en fin de compte, on était parfois bien aise, en un jour de tempête ou à la suite d'un combat malheureux, de trouver un refuge dans les ports Français de la Méditerranée. Ils n'ignoraient pas du reste, et plusieurs d'entre eux l'avaient appris à leurs dépens, que la marine de nos ports venait d'être presque doublée, et que l'amiral de Manti avait reçu l'ordre de châtier vigoureusement les délinquants. La signature du traité fut donc faite au milieu d'une satisfaction générale, et il est facile de se rendre compte de ce sentiment par la lecture des lettres suivantes :

Lettre du Divan et Pacha d'Alger à MM. les Consuls et Gouverneurs de la ville de Marseille.

« Aux Elus et choisis parmi les Grands de la loi du Messie, ceux qui accomplissent les promesses d'amitié et intelligence, les Consuls de Marseille ; prions Dieu que conduise leurs entreprises en heureuse fin.

» Après vous avoir rendu le salut convenable, nous vous dirons avoir receu la lettre que vous nous avez écrite par le capitaine Sanson, ensemble les commandements de notre très-glorieux Empereur, disant que depuis le temps de son aïeul, Sultan Soliman (que Dieu donne repos à son ame !) nous avons vécu en bonne paix et amitié avec les Francois ; mais à cause d'un méchant homme vous les avez réputés comme ennemis. Maintenant tout ce qui est passé soit passé ; ayant compris la teneur desdits commandements, avons tretous résolus de vivre à l'avenir en une bonne paix et amitié avec vous autres ; ayant aussi vu et entendu la teneur de votre lettre être profitable, et à la considération de la bonne et ancienne amitié qu'est entre notre Empereur et le vôtre, avons promis et juré par notre foi et parole de vivre en paix avec vous, suivant les impériales capitulations ; ayant suivant icelles dressé des articles de notre accord une copie, laquelle nous garderons dans le sacré trésor de notre Divan ; et l'autre, l'envoyons à votre Roy, lesquels articles et parties serez soigneux de faire observer de point en point ainsi que nous ferons aussi, afin que cette paix soit de durée, vous promettant que de notre part n'y manquerons jamais. Pour assurance de laquelle nous vous envoyons l'un de nous destiné pour résider à Marseille, auquel ferez toute sorte d'honneurs et bons traitements, et nous les recevrons faits à nous-mêmes ; priant Dieu que les derniers de vos jours soient heureux et félices. — Écrit à l'invincible ville d'Alger, le premier jour de la lune de Seffer.

» Signé : *Le pauvre* OSSEIN BACHA *d'Alger ;*
MOSSE-AGHA, *chef des Janissaires ;*
AMOUDA, *premier secrétaire du Divan.*

» Scellée du sceau de chacun d'iceux. »

(Traduit par Salomon Cassin, interprète de Sa Majesté, en Alger, le 8 octobre 1628)

Lettre d'Ibrahim Raïs Arabadgy (1) *à MM. les Consuls et Gouverneurs de la ville de Marseille.*

« Aux Elus et choisis pour accomplir leurs promesses, administrateurs des affaires du peuple de la croyance du Messie, les Consuls de la ville de Marseille ; que Dieu bénisse vos jours ; et vos actions soient conduites en honneur et félicité par la droite voie.

» Après vous avoir salué du salut convenable à votre dignité, saurez que, par notre bon ami le capitaine Sanson, gentilhomme, avons receu votre lettre et compris les favorables discours d'icelle. Incontinent, je me suis employé de toute mon affection à votre service ; et, par la grâce de Dieu, la paix a été nouée et liée ainsi

(1) Ibrahim Arabadji était à cette époque général des galères, et, par suite, le plus puissant de la corporation des Reïs. Son fils Ali lui succéda et hérita de ses biens et de son influence ; c'est lui que le père Dan appelle Rapagoy.

que pouviez désirer ; ayant le Divan et le Bacha revêtu ledit Capitaine Sanson de deux vestes d'honneur et de gloire ; ayant si bien conduit cette négociation et receu tant de satisfaction que me seroit impossible le mettre par écrit, espérant que de lui-même en serez mieux informés. Bien vous diray que la paix et amitié que a été traitée par ledit capitaine Sanson est faite de telle sorte que ne se pouvoit faire davantage. J'avois résolu d'aller à Marseille avec nos galères ; mais sa venue m'a rompu ce dessein pour m'employer ici en vos affaires, espérant avec l'aide de Dieu que ce printemps j'auray l'honneur de vous voir. Cependant en tous les affaires que aurez besoins de deca, donnez-m'en avis, je m'emploieray très-volontiers et tout ce que j'ay au monde pour vous servir et le tiendray pour faveur. Je prie cependant Dieu que vous conserve. — Écrit en Alger, le premier jour de la lune de Saffer, année de 1038.

» Signé : *Le pauvre* Ibrahim,
à présent Général des Galères d'Alger.

» Et scellée de son sceau. »

(Traduit par Salomon Cassin, interprète de Sa Majesté, en Alger, le 8 octobre 1628).

Lettre de M. Sanson Napollon à MM. les Consuls et Gouverneurs de la ville de Marseille.

Alger, le 15 octobre 1628.

« Messieurs,

» Au point que le vaisseau la *Nunciade* vouloit partir, il est arrivé un corsaire qui a conduit en ce port la barque du patron Sorribe venant de Seide, riche, suivant que le patron m'a dit, de soixante mille écus. Au rencontre dudit corsaire, ledit patron, sans mettre aucune bannière, il commenca de combattre le premier, et après un grand combat, il a été pris. Et, étant en cette ville, les armeurs dudit corsaire, l'un desquels est Sidi Amouda, celui qui donne la paye aux soldats et qui gouverne

Alger, avec un autre appelé Assan Portugés, chef du parti le plus puissant de cette ville ; outre le pouvoir qu'ils ont, tiennent tout le conseil en leur dévotion. Ils prétendoient de faire déclarer ladite barque de bonne prise, disant par ces raisons que lorsque ledit corsaire partit d'ici, il avoit ordre du Divan de prendre les Francois, et que les dépenses de l'armement montoient beaucoup, et que ladite barque avoit rompeu les ordres, qu'il ne s'étoit pas foit connoitre pour Francois, n'ayant vouleu mettre la bannière et commencé le premier le combat ; voulant servir des coutumes d'Alger, que tous ceux qui combattent sans bannière, encore qu'ils soient d'amis, sont réputés pour ennemis, et outre cela, à cause que dans ladite barque il y avoit un cantil de riz, qui est robbe de contrebande en toute la Turquie ; voyant moy la prise d'une notable valeur et qui donnoit de suiet aux intéressés de chercher des raisons à son avantage, et d'autre côté tous ceux qui n'avoient point d'intérêt à l'affaire, témoignoient de l'affection en notre faveur ; d'ailleurs les fermiers de la douane de l'Échelle prétendoient le droit des facultés de ladite barque, droits qui sont à raison de treize pour cent ; car tout ce qui entre dans le port doit le même droit, cette affaire me donnoit bien de quoy penser.

» Car d'hasarder l'affaire pour passer un jugement d'un si grand conseil, d'un tel nombre de gens, étant contre parti si puissant, pouvant corrompre la justice ; et quand l'aurions gagné, falloit toujours payer les droits et se rendre comme ennemis les plus puissants d'Alger, qui, en toute autre occasion, nous pouvoient être contraires ; après avoir bien tout considéré et pris conseil de nos bons amis, le nombre desquels n'est pas petit en cette ville, il fut trouvé à propos d'appointer secrètement et sous main les parties et les droits ; et, en après, demander publiquemment au Divan justice pour le relaxement desdites facultés, et en faire sortir une ordonnance par le grand conseil pour servir à l'advenir à des semblables occasions.

» Ce qui fut exécuté hier, quatorzième du courant, jour de samedi, étant ledit Divan assemblé dans sa Cassape ; on ne traita autre affaire. Et ledit Sidi Amouda, tellement en faveur, que ledit conseil unanimement fut porté au relaxement de ladite prise et à la conservation de la paix; de là, ledit conseil se transporta dans le logis du Bassa, où il était joint des Mofty et Cady et tous les principaux de la ville; où il fut ordonné que sans aucun égard au manquement que ledit patron Sorribe avoit faict, n'ayant point mis de bannière et commencé premier le combat, le suiet du riz et toutes autres raisons avancées par lesdits corsaires, que la barque, personnes et marchandises seroient entièrement relaxées et restituées; et advenant de semblables occasions, sans assembler le Divan, elles seroient relaxées. Et de nouveau, à peine de la vie à tous capitaines de corsaires, de ne faire nul déplaisir en quelle occasion de rencontre que ce soit aux Francois, confirmant de nouveau tous les points de ladite paix.

» A la vérité, la dépense qui s'est faicte en cette occasion a été la plus profitable que toute autre, puisqu'on a veu que un chacun unanimement sont été en faveur des Francois; les corsaires qui avoient fait la prise n'ont rien gagné qu'un grand hasard de perdre la vie, que se sont vus pour avoir résisté à faire déclarer les prises confisquées.

» A mon opinion, je crois qu'à l'advenir nous aurons toute sorte de bonne justice en Alger, et si l'ostage qu'ils envoyent sera bien traité de delà, ce sera la vraye conservation de la paix, et sans doute l'on enverra à l'advenir des plus principaux pour la même charge. Ce n'est pas peu de chose qu'ils se soyent soumis à envoyer des ostages. Une galère de cette ville avoit pris une barque de la Ciotat, riche d'environ dix mille piastres, laquelle n'ayant point combattu, fut incontinent relaxée, sans aucune dépense; étant conduite en ce port, et trouvé que les vins se vendoient bien, ils le vendent. Depuis que je suis en Alger, les corsaires ont conduit cinquante-trois personnes de Provence en diverses fois, prises devant la publication de la paix, et sur un navire espagnol; et incontinent ont été relaxées. Il est nécessaire d'avoir ici une personne capable pour faire continuer les affaires comme les laisserons bien disposées et commencées; faut donner ordre aux navires que partiront de Provence de ne point combattre lorsque ne pourront échapper, à cause qu'ils ne peuvent avoir point de prétexte que par ce suiet; même lorsqu'ils auront des morts ou blessés. Tous les corsaires qui partent recoivent commandement, à peine de la vie, de ne faire aucun déplaisir aux Francois. Je crois que les navires partis avant mon arrivée en cette ville conduiront quelques Francois ici, mais assurement ils seront relaxés. Je n'ay rien manqué en ce que j'ay pu et croys qu'un homme de ma sorte ne pouvoit faire davantage ; ainsi je continueray tousjours avec toute sorte d'affection et fidélité en ce qui regarde le bien public, et prieray le Créateur qu'il vous conserve, étant véritablement, Messieurs, votre très-humble et très-obéissant serviteur.

» SANSON DE NAPOLLON. »

Malgré les avantages incontestables qu'offrait la conclusion de cette paix tant désirée, des difficultés nombreuses ne tardèrent pas à surgir. Les récents agissements des pirates Barbaresques avaient allumé une haine terrible dans le cœur des gens de mer ; et, pour toutes les populations chrétiennes des rivages de la Méditerranée, le nom d'Algérien était synonyme de celui d'ennemi séculaire. Parmi ces hommes d'une nature vindicative, il en était peu qui n'eussent à se rappeler le meurtre ou la captivité d'un parent ou d'un ami ; toutes les représailles leur semblaient permises, et cette soif de vengeance était encore excitée par l'espoir de s'enrichir aux dépens de ceux qu'ils considéraient comme des bandits mis hors la loi des nations.

On comprendra aisément qu'un acte diplomatique ne pouvait pas, du jour au lendemain, modifier cet état des esprits, et faire cesser brusquement des errements déjà anciens ; d'un autre côté, la marine Royale n'était pas assez nombreuse pour exercer une surveillance efficace le long des côtes et sur les routes habituellement parcourues. Il résulta de cet ensemble de dispositions fâcheuses que les marins Provençaux et Languedociens prirent l'habitude de faire main-basse sur les Algériens, toutes les fois qu'ils crurent pouvoir le faire impunément. Déjà, au cours même des négociations, un officier des galères du Roi avait failli tout remettre en question, en s'emparant arbitrairement des Musulmans qui se trouvaient alors à Marseille, et, sans la rapidité avec laquelle Soliman-Chaouch parvint à arranger l'affaire, Sanson Napollon eût couru les plus grands dangers. Ce fait curieux et assez ignoré, est expliqué tout au long dans la lettre suivante :

Lettre de Soliman, capigi du Grand Seigneur à Monseigneur le premier Président, à Aix.

« Glorieux et felicissime Seigneur, le plus parfait et le plus fidele parmy ceux de la loy de Messias, celuy qui a le gouvernement et la force de l'Empereur et la justice de l'Empereur de France, Monseigneur le premier President, les jours duquel Dieu augmente toujours en gloire et honneur ; la bienveillance dudit Empereur de France soit toujours avec vous. C'est avec beaucoup de regret (que) je fais scavoir que toutes les peines, travaux et despences faictes pour le contentement de l'Empereur de France et celluy des Mousoulmans, pour les affaires du traicté de Barbarie sont maintenant tous gattez et en très-mauvais estat pour un sinistre arrivé en ceste ville de Marseille, que le sieur de la Marte, capitaine de la galere du prince de Guyse, a faict naistre, ayant faict mettre tous les Turcs qu'il a trouvé dans la ville refugiez d'une part et d'autre, et mesme mes serviteurs et le trucheman dans la galere, à la chaisne. Il est vray que du depuis il a delivré ledict trucheman et mes deux serviteurs et retenu tous les autres ; ceste action donnera suiet à ceux d'Argers de croire que ce qu'on leur a escript de la part de l'Empereur de France et de la bonne disposition que l'on voyoit en ce pais estoient tous mensonges, les ennemys de la France feront leur profict de ceste action, et la feront paroistre beaucoup plus grande, de sorte que j'ay perdu le courage et l'esperance de pouvoir plus servir le Roy et ses subiectz en ce traicté. Je me trouve mal content de ce que je n'ay peu recevoir la satisfaction convenable à la grandeur de mon Empereur en ceste ville, et que un particulier aye peu gaster les affaires provenant des commandements des Empereurs. J'ay demandé mon congé et passage à messieurs les Consulz, lesquelz ne m'ont donné que de belles paroles. Je me plains aussy que M. Sanson ne sollicite mon congé. Je suis reduict en de grandes extremitéz. Ou fault que je me tue de mes mains, ou que je sois mis dans la mesme galere où sont mes confrères, si je n'ay la permission de m'en aller. Je seay bien que mon Empereur a les forces assez grandes pour tirer vengeance de l'injure que sa dignité recoit. Je ne puis avoir recours qu'à vostre Grandeur, qui a la justice et le pouvoir en main, pour me faire donner la permission de mon despart, ce que je vous supplie de tout mon cœur, au nom de mon Seigneur et Maistre, et en contemplation de l'amitié que l'Empereur de France lui porte. Je serois allé en personne vous demander cette faveur, mais je crains que les chemins ne me soient libres.

» Je prieray tousjours Dieu pour vostre Excellence, et publieray partout la faveur que je recepvray de vostre justice (1).

» Vostre esclave,

» *Le pauvre* SOLIMAN,
» *huissier de la Très-Haulte Porte.* »

Cependant, Sanson Napollon n'avait pas perdu de temps pour réparer les *Établissements*, et déployait son activité accoutumée.

Dès le lendemain de la signature du traité, il avait relevé le comptoir de Bône, installé les corailleurs à La Calle et au Bastion, et ouvert au cap Rose un grand marché de blé, de cuirs et de cire, où les tribus de l'intérieur ne devaient pas tarder à affluer. Ces trois derniers points avaient été fortifiés, chacun selon son importance, et le personnel ne laissait pas que d'être assez considérable. On y comptait quatre officiers commissionnés, une centaine de soldats, deux cents matelots, deux prêtres, deux infirmiers, un médecin, un chirurgien, un apothicaire, deux barbiers, quatre drogmans, quatorze commis et une centaine d'ouvriers de divers états.

(1) Manuscrits de Peyresc. Tome VIII, f° 129 (Bibliothèque de Carpentras).

La flottille était forte de trois tartanes et de vingt et un bateaux corailleurs.

L'arsenal était largement approvisionné de munitions, et l'artillerie se composait de cinq canons de bronze et de deux espingards, l'un de bronze, l'autre de fer (1).

Le trafic avec les indigènes avait déjà pris assez d'extension pour que, dès le commencement de l'année 1629, le gouverneur put offrir à la ville de Marseille de lui fournir tout le blé dont elle aurait besoin (2). Ce n'est pas seulement par cette affirmation que nous savons que *les Concessions* étaient entrées dans une voie prospère : il existe des lettres émanant de personnes qui étaient employées à divers titres, soit au Bastion, soit à La Calle, et la correspondance de Lazarin de Servian, de Lorenzo d'Angelo, de Jacques Massey et tant d'autres (3) ne fait que corroborer les allégations du capitaine. C'est un résultat qui aurait dû réjouir tout le monde, si l'intérêt général eût été seul consulté. Il n'en fut malheureusement pas ainsi, et il est nécessaire d'expliquer succinctement l'origine de l'opposition que fit le commerce de Marseille à la création et à la conservation des *Établissements*, aussi bien que celle des haines qui s'acharnèrent contre leur fondateur.

Depuis plus d'un siècle déjà, quelques maisons de commerce de Marseille avaient établi un négoce suivi avec les populations côtières de l'Algérie. Elles achetaient du blé, de la cire, des cuirs, et donnaient en retour quelques produits européens, parmi lesquels figuraient, en majorité, la poudre et les armes de guerre, dont on était toujours sûr de trouver le débit chez les Kabyles. Cette sorte de marchandise était sévèrement proscrite par les Turcs, et ce trafic interlope n'était pas sans dangers : mais il était tellement fructueux que les armateurs ne faisaient jamais défaut. D'ailleurs, on était assuré de la complicité des

(1) Pour tous ces détails, voir : *Estat de ce qui est nécessaire pour l'entretien du Bastion, La Calle, cap de Rose, etc.* (Manuscrit de la bibliothèque nationale.)

(2) Voir, plus loin, les lettres du 17 janvier 1629 et suivantes.

(3) Archives de la Chambre de commerce de Marseille (AA, art. 508).

riverains, et il ne manquait pas de petites criques où l'on pouvait aller, sans courir de trop grands risques, débarquer sa contrebande de guerre. On conçoit facilement quelle irritation durent éprouver ceux qui réalisaient ainsi d'énormes bénéfices en voyant le roi donner le monopole du commerce de Barbarie et de la pêche du corail à une compagnie placée sous le patronage du duc de Guise, qui rêvait peut-être de se faire là un fief semblable à celui que les Lomellini de Gênes avaient obtenu à Tabarque. Lésés dans leurs intérêts, ils mirent tout en œuvre pour faire échouer les négociations, et Sanson Napollon n'eut pas de pires ennemis. A la tête de cette coalition marchande, on remarqua les frères Fréjus (1), dont la famille exerçait et exerça encore longtemps le commerce sur les côtes Barbaresques. Lorsqu'en dépit de leurs efforts, le traité de 1628 eut été conclu, ils ne cessèrent de chercher à en détourner les effets, et à provoquer la chûte de son auteur. Ils l'accusèrent d'avoir détourné à son profit une partie des sommes qui lui avaient été remises pour le rachat des esclaves (2), et excitèrent contre lui une population ignorante et inflammable, qui faillit se livrer aux plus grands excès (3). D'un autre côté, pour l'empêcher de donner ses soins au Bastion, dont il était l'âme vivante, ils imaginèrent de représenter aux Consuls de Marseille que celui qui avait fait le traité devait être responsable de son exécution, et qu'il était tenu par cela même à résider à Alger. Les Marseillais étaient assez portés à admettre cette prétention exorbitante, se souvenant qu'ils avaient presque seuls supporté les frais de la transaction, et concluant de là qu'ils devaient en bénéficier à leur gré. Sanson se tint debout devant toutes ces persécutions, avec une dignité vraiment admirable. Il répondit à ses calomniateurs en leur démontrant qu'il avait racheté deux fois plus d'esclaves que n'en portait le rôle, et qu'il avait dépensé sa propre fortune dans l'accomplissement de sa mission ; il accueillit les menaces avec la hauteur sereine et dédaigneuse d'un homme habitué à

(1) Voir la lettre du 4 février 1629.

(2) Voir la lettre du 4 février 1629 et suivantes.

(3) Voir la lettre du 9 mars 1629.

brayer d'autres dangers, et qui sait à quoi s'en tenir sur la mobilité de la foule (1) ; enfin, il ne cessa de représenter aux magistrats de Marseille qu'il était l'envoyé du Roi, et non l'homme d'une Ville ; qu'il leur appartenait d'envoyer un Consul pour protéger leurs intérêts et leurs nationaux, et que, quant à lui, tout en continuant à mettre au service de tous les Français son énergie et son influence, il ne devait pas s'astreindre à des obligations qui l'eussent empêché de consacrer tous ses moments aux devoirs de sa nouvelle charge. Il n'avait pas échappé à sa sagacité naturelle que le véritable but de toutes ces hostilités était *le Bastion ;* aussi ne cessait-il de représenter à ses adversaires tout le profit qu'ils pouvaient en tirer eux-mêmes, tant pour l'extension de leur commerce que pour prévenir les nombreuses famines qui désolaient le midi de la France ; il ajoutait, qu'au surplus, la fondation était d'ordre souverain, et que les réclamations devaient être adressées, non pas à lui, mais au Conseil du Roi ou au Duc de Guise (2). C'est à cette période troublée de la première année du rétablissement des *Concessions* qu'appartiennent les lettres suivantes :

Lettre de M. Sanson Napollon à MM. les Consuls et Gouverneurs de la ville de Marseille.

Du Bastion de France, le 17 janvier 1629.

« Messieurs,

» J'ay receu la lettre que m'avez faict la faveur de m'écrire et vous remercie de tout mon cœur de l'affection que par elle me témoignez ; vous félicite votre charge et prye Dieu vous donner toutes les assistances que desirez pour favoriser vos justes desseins et services au service du Roy et bénéfice du public de Marseille. Le bon accueil que vous avez faict à l'ostage que ceux

(1) Voir les lettres du 4 février et 9 mars 1629.
(2) Voir la lettre du 4 février 1629.

d'Alger vous ont mandé est gage que le public trafic recevra de l'utilité ; et si, par le passé, jusqu'à la conclusion de la paix, les corsaires d'Alger ont faict déroger aux sujets de France, il se peut espérer à l'avenir plus de respect et moins de l'intérêt. Mais il faut se pourvoir d'un bon consul en Alger, ce que je vous prye de faire. Pour ce que vous me dites de quelques esclaves qui restent encore en Alger, j'ay tout le desir que vous pouvez desirer de moy de les sortir, ce que j'espère de faire, s'il plaît à Dieu, bientôt. Si tous ceux de Marseille que j'ai sortis vous sont venus remercier des faveurs recues de votre assistance, vous en auriez veu le nombre de soixante-six ; il en est resté quelques-uns, qui éstoient en voyage et encore ma bourse a demeuré vide pour les grandes dépenses qu'il m'a fallu faire pour établir les affaires en facon que vous verrez par les écritures que j'ay faites; trouverez que tous ceux d'Alger sont, tant en corps qu'en particulier, obligés à conserver et maintenir la paix, particulièrement les armateurs, capitaines de galères et navires. J'espère être le porteur desdites dépêches et vous dire de vive voix tout ce qu'est de besoin. La cause de ma retardance en Barbarie est pour attendre les commandements du Roy en ce qu'il y auroit davantage à faire ; désireux aussi de recevoir vos commandements en ce qui est besoin que je fasse en Barbarie pour le bénéfice de Marseille, pour laquelle mes désirs et services sont destinés. Messieurs, croyez, s'il vous plaît, que la dépense que j'ay faicte en Alger et depuis le temps de cette négociation est assez grande et l'argent qu'avez contribué n'a pas suffi à ce que m'a fallu dépendre en France. Considérant de servir le Roy et le public, j'y dépendray encore jusqu'à la dernière goutte de mon sang ; je vous prie de me commander et vous verrez avec la promptitude et affection que je vous serviray. Je crois qu'aurez plaisir que j'aye rendu service à Monseigneur le Duc de Guise pour obtenir la permission de faire le Bastion, duquel la ville de Marseille et toute la Provence y recevra de bénéfice. Si présentement avez besoin de blé, vous pouvez attendre d'ici la quantité que désirerez ; pour de nouveautés, je ne vous puis dire grand chose.

« L'incommodité du mauvais temps par mer et par terre empêche que je ne recois aucune nouveauté, et celle que m'avez donné de la vôtre est la meilleure de toutes celles qu'on peut attendre dans le monde. Je prye Dieu qu'il augmente tousjours les forces et la prospérité du Roy et conserve la santé de vous autres, messieurs, avec l'accomplissement de tous vos désirs, et moy d'être tousjours, messieurs, votre très-humble et très-affectionné serviteur.

» SANSON DE NAPOLLON. »

Lettre de M. Sanson Napollon à MM. les Consuls et Gouverneurs de la ville de Marseille.

Du Bastion de France, le 4 février 1629.

« MESSIEURS,

» Tout maintenant j'ay receu la lettre que vous a plu m'écrire, le vingt cinquième janvier, ensemble les lettres pour le Bassa et Divan d'Alger, lesquelles j'ay mandé ce même jour par homme exprès ; ay écrit de ma part ce que j'ay jugé à propos sur le suiet des corsaires qui abordent si souvent en Provence.

» Messieurs, je vous diray aussi mon sentiment à ce suiet ; si vous autres, messieurs, ajoutiez foy à ce que je vous ay si souvent écrit, vous ne seriez pas en ces peines, et jusqu'à ce que un consul de bonne renommée ne aille à Alger, les choses ne succèderont au bénéfice public ; j'ay de quoi vous faire voir. es lettres turques que m'écrivent les principaux d'Alger que le sieur Fréjus gâte tous les affaires. Ledit Fréjus et son frère ont faict tout ce qu'ils ont peu pour détourner ladite paix et maintenant faict tout ce qu'il peut pour la rompre ; ils sont incommodés et désespérés de ne pouvoir accomplir leur dessein. C'est pour quoy touche à vous autres, messieurs, et au public que plus affectionnez ; et vous verrez aux occasions que les corsaires qui feront quelques manquements envers les Francois seront chatiés par le Divan d'Alger ; dans les articles de paix est dit que, lorsque quelques-uns d'une part et d'autre fera quelques manquements au préjudice de la paix, on recourra à la justice. Ceux d'Alger s'obligent de la rendre et de la faire respecter à ses dépens, même dans les villes hors de sa juridiction, et, en cas, de leur déclarer la guerre ; et lesdits corsaires donneront caution sur ce sujet. Envoyez, s'il vous plaît, un homme capable audit Alger ; faites demander la justice et vous verrez le succès ; et si une fois quelques corsaires sont châtiés, servira d'exemple aux autres. Vous savez bien ce qu'est du métier des corsaires, qu'ils n'appréhendent rien que la rigueur de la justice. Je vous dis encore que vous la pourrez obtenir du Divan d'Alger, et qu'ils sont portés à la continuation de la paix. Ceux de Tunis désirent aussi, ainsi qu'ils m'ont écrit, conserver la paix avec les Francois.

» Mais n'y a personne qui affectionne en ce pays de Barbarie l'affaire du public, à quoy je ne m'étonne point, attendeu que les mauvais soumis (1) et ceux qui causent le mal, personne n'y dit rien ; l'on m'écrit que tout le peuple de Marseille murmure contre moy, de quoi suis bien marry, et, dans un côté, content ; car toujours s'est veu parmi le peuple que celui qui désire servir le public est le plus mal veu, parce que l'envie déchire, et les personnes mal affectionnant désirent de couvrir le bienfait d'un homme de bien.

» J'ay, à tous affaires, Dieu mercy, ma conscience d'être rempli de zèle et affection au service du bien public, et je ne doute point qu'à la fin mes actions ne soyent connues et louées de tous. Ceux qui menacent de raser ma maison ne trouveront point de résistance et en seront plus de pire qu'ils ne croyent. La justice de Dieu ne manque jamais, envers laquelle il n'y a aucune opposition. L'on dit que je n'ay sorti tous les esclaves d'Alger ; j'en ay sorti beaucoup plus que du roole (2) ; ici n'y en a que quelques-uns de ceux qui sont enroolés à Marseille. Je me remettray plutôst en la même esclavitude avant de ne les sortir ; faut-il encore bien que j'aye du temps pour avoir de l'argent.

---

(1) Sanson paraît ici faire allusion à l'ancien parti rebelle de Marseille, qui, bien qu'écrasé par les armes royales, conservait encore quelques adhérents.

(2) Lorsque Sanson Napollon avait été envoyé à Alger, il avait reçu de la ville de Marseille une somme de 72,000 livres, au moyen de laquelle il devait traiter et accomplir le rachat de 36 esclaves dont le rôle lui avait été remis, et il en avait racheté plus de 70 : les accusations portées contre lui étaient donc souverainement injustes.

L'argent que la ville a fourni, cherchez bien ce que a été dépendu en France, et croyez que l'on me donne bien du suiet de quitter le désir que j'ay de servir le peuple de Marseille, laquelle n'a rien perdu, jusques assurée de ladite paix ; et, si l'on ne la trouve bonne, ne tient qu'à vous autres de la rompre. De croire que doive tousjours demeurer à Alger, tousjours à mes dépens, pour la faire continuer, je ne puis ; si quelqu'un est fâché de ce que j'ay fait, du commandement du Roy, de redresser le Bastion pour Monseigneur de Guise, je ne les puis contenter ; bien suis-je assuré que ledit Bastion donnera du proficț certain à Marseille ; et peut-être, avant que l'année soit finie, vous en verrez les effets. Chacun en devroit en être content, puisque le Roy l'a commandé, et que Monseigneur de Guise aura tousjours à plaisir que la ville de Marseille en particulier se prévale des commodités dudit Bastion. Ces considérations me font souffrir patiemment tous les travaux et dépenses pour ledit redressement. Aux choses de mon particulier, vous verrez que je n'y ay que de travail, c'est pourquoy personne ne me devroit porter envie sur ce sujet. Toutefois, et de quelle façon que ce soit, je tascheray à tout mon possible de bien servir la ville de Marseille, à laquelle je porte mon affection ; c'est pourquoy je vous prie me commander et verrez que je suis tout prest à vous servir. Mais il m'est besoin votre assistance et de pourvoir de gens de bien au service des charges de consul de Barbarie. Si votre ville aura besoin de blés, je crois que Monseigneur de Guise vous permettra le trafic d'ici, et facilement s'en sortira tant qu'il sera besoin. Je prie Dieu que vous conserve en sa sainte grâce, et seray tousjours, Messieurs, votre très-humble et plus obéissant serviteur.

» Sanson de Napollon. »

Lettre de M. Sanson Napollon à MM. les Consuls et Gouverneurs de la ville de Marseille.

Du Bastion, le 9 mars 1629.

« Messieurs,

» Je continueray tousjours à vous écrire le desir que j'ay de vous servir, n'attendant que vos commandements, pour l'obéissance desquels je quitteray tous les autres affaires qui sont sur moy. Je ne vous dis pas cela pour crainte que j'aye que le peuple de Marseille fasse l'exécution qu'ils menacent contre ma maison, mon bien et ma vie. Et, tousjours prompt à accomplir le desir de ses volontés, je ne puis pas mieux mériter envers Dieu que de souffrir patiemment la récompense des peines, travaux, excessives dépenses que j'ay faictes pour la bonne inclination et desir du bien public; et si l'on prétend quelque chose sur ma personne, je vous jure sur ma foy que sitôst que je seray appelé, me rendray en diligence (1). Le regret que j'ay, est que le peuple de Marseille est blâmé parmi cette nation barbare, qui ont vu ce que j'ay faict et ont nouvelle des discours qu'ont tenu à Marseille. Vous autres, Messieurs, pouvez considérer que ce j'ay faict pour ladite paix est beaucoup pour un homme de ma condition et moyens; et si vous autres, Messieurs, tenez la main pour la conservation de ladite paix, le public en recevra de grands bénéfices; la paix avec cette sorte de gens est le chemin plus avantageux, attendu qu'ils sont indomptables; s'ils perdent un navire, en recouvrent dix; s'ils perdent cent hommes, en recouvrent mille personnes. Inclinés à mal faire, hasardeux et sans appréhensions; et, combien que l'on souffre d'eux quelque intérêt, tousjours se recevra plus de profict. J'ay écrit et receu la réponse du Divan et Bassa d'Alger sur le déplaisir que quelques barques de corsaires ont fait en Provence. Me disent avec des jurements très-grands qu'ils en feront la justice exemplaire à l'avenir. Mais

---

(1) Les ennemis de Sanson Napollon avaient répandu parmi le peuple de Marseille le bruit qu'il s'était frauduleusement emparé des sommes destinées au rachat des prisonniers; la vérité est qu'il avait reçu 82,190 livres et qu'il en avait dépensé plus de 272,000, ainsi qu'il en justifia par l'état de recettes et de dépenses qui fut soumis à l'approbation du Conseil royal. Mais ses ennemis étaient parvenus à tellement animer le peuple contre lui que sa famille fut menacée de mort; des rassemblements tumultueux se formèrent devant sa maison qu'on voulait brûler ou détruire, et on disait tout haut, qu'à son retour, on exercerait sur lui une vengeance sommaire. C'est à ces menaces qu'il fait allusion d'une manière très-digne dans la lettre qu'on peut lire plus haut.

faut que en Alger y soit un consul que demande la justice, et qu'ils observeront ponctuellement la teneur des articles de paix. Messieurs, y a longtemps que je vous ay écrit et à vos prédécesseurs aussi de faire pourvoir d'un homme en Alger affectionné et capable et pour lors vous verrez la vérité et la justice de ce que vous désirez. J'ay de lettres de Issoufenday de Tunis ; me dit que de Marseille lui ont écrit que les Marseillois ne se soucient point d'avoir paix avec eux, et que tous les Turcs qui tomberont en Provence seront détenus esclaves ; il désire savoir de moi si cela est véritable. Je attendray à lui répondre jusqu'à ce que j'aye reçu de vos lettres sur ce sujet. Je ne lui ay répond autre chose, sinon que l'intention du Roy est que ses sujets vivent en paix avec ceux de Tunis et d'Alger, attendeu que le Grand Seigneur le désire ainsi ; mais si ceux de Barbarie continuent tousjours faire déplaisir aux Francois, Sadite Majesté ne le souffrira point, particulièrement à la présente saison, que les armes de France, par la grâce de Dieu, sont victorieuses, protégées de Dieu, et conduites par le Roy le plus juste qu'a jamais été sur terre. Le sieur Marc David m'a écrit que ledit Issoufenday a eu à plaisir d'entendre ladite réponse. Dans la lettre dudit Issoufenday, me dit que, le mois d'octobre, fit remettre es mains du consul pour deux mille écus de marchandises que les corsaires avoient pris sur une tartane d'Arles, et que le consul les a vendues, et payé ses dettes, disant les mêmes mots : « J'ai osté la chair de la bouche du lion et le loup l'a mangée. » Vous voyez que le mal vient plutost à faute de personnes qui observent l'intégrité des charges ; je vois les discours d'Issoufenday portés à la paix, si on lui délivre les Turcs qui sont en Provence. Par mes précédentes, vous ay écrit que si la Ville a affaire de blé, j'en puis retirer d'ici la quantité que désirez. Sa Grandeur aura à plaisir de vous donner le secours que désirez ; vous assurant que, à mon particulier, j'y employeray mes travaux très-volontiers, et continueray tousjours mes prières au Créateur vous donne tout le compliment de vos désirs et seray tousjours, Messieurs, votre très-humble et très-obéissant serviteur.

« Sanson de Napollon. »

Lettre de MM. Lorenzo d'Angelo et Jacques Massey à MM. les Consuls et Gouverneurs de la ville de Marseille.

Alger, le 8 avril 1629.

« MESSIEURS,

» Il y a six jours que du Bastion de France, Mr Sanson nous a mandé de vos lettres pour le Divan et Bascha d'Alger, lesquelles avons rendues et procuré l'exécution de ce que leur demandez et, à cet effet, cejourd'huy qu'ont tenu grand Divan, ont fait lecture de vos dites, Messieurs, y ayant fait réponses, que vous les mandons ci-jointes. Ils ont dans ledit Divan arrêté qu'à l'advenir aucuns de leurs corsaires ne pourront aller aux mers et ports de France où seroit qu'ils en eussent extrême nécessité ; qu'en tel cas désirent y soyent receus et secoureus ; petits et grands ont été fort déplaisants de l'action qu'a rendeu le corsaire qu'a pris la barque de Frontignan et ont promis d'en faire justice exemplaire lorsqu'il viendra ; ledit Divan désire fort que mandiez ici une personne capable pour y protéger les Francois ; car pour celui qu'est ici à présent, quand il seroit un saint venu du ciel, n'y veulent point ajouter foy ; c'est pourquoy, pour le bien de la nation, est nécessaire que y mettiez bon ordre ; le plutost sera le meilleur ; et si vous nous jugez capables, vous en pourrez disposer comme de vos propres volontés ; et, n'étant la présente pour autre, après vous avoir humblement baisé les mains, prierons le Créateur, Messieurs, lui plaise vous octroyer longue et heureuse vie avec le comble de vos desirs. Vos très-humbles et obéissants serviteurs.

» LORENZO D'ANGELO et JACQUES MASSEY (1). »

---

(1) Lorenzo d'Angelo et Jacques Massey étaient deux des principaux agents du Bastion de France ; leurs lettres montrent un dévouement absolu à leur chef, sentiment qui paraît avoir été partagé par tout le personnel des Établissements.

Lettre de M. Sanson Napollon à MM. les Consuls et Gouverneurs de la ville de Marseille

Du Bastion, le 7 mai 1629.

« MESSIEURS,

» Il y a deux jours que j'ay receu une dépêche du Divan d'Alger du 24e avril. J'aurois envoyé ladite dépêche, s'ils ne fussent m'écrivant vous avoir écrit et respondu à vos lettres deux jours auparavant par une barque de Toulon. Ils me disent qu'ils ont conclu dans le Divan de punir ceux qui ont fait déplaisir aux Francois, particulièrement au Raïx qui a fait déplaisir à la barque de Frontignan et fait défense particulièrement à tous les corsaires de n'y aller, particulièrement aux mers de Provence. Ils m'assurent que, de leur côté, la paix sera tousjours observée et rendront bonne justice contre ceux qui contreviendroient. Or savez que ceux d'Alger sont tousjours dans la fermeté de ses promesses, si vous autres, Messieurs, voudrez tenir la main pour la conserver, il vous sera facile, comme aussi de faire cela à ceux de Tunis, que tous les jours font déplaisir aux Francois. Je vous ay écrit par ma précédente à complémant sur le sujet; sera cause que ne vous feray autre discours sur ce sujet, et vous prie me tenir tousjours à votre grâce, et prieray le Créateur vous tenir à la santé, Messieurs. — Votre très-affectionné serviteur.

» SANSON DE NAPOLLON. »

Lettre de M. Sanson Napollon à MM. les Consuls et Gouverneurs de la ville de Marseille

Du Bastion, le 1er juin 1629.

« MESSIEURS,

» J'ay receu la lettre que m'avez fait la faveur de m'écrire par le précédent vaisseau, capitaine Lebar, par lequel vous me commandez fort peu de chose que je fasse pour le service de vostre ville. Vous connaissez le peu de gré que la communauté de

Marseille a de mes services ; crois que cela vous reste ; mais vous ne deviez aussi croire les faux rapports qu'on vous fait, particulièrement de ceux que ay dernièrement rachetés des corsaires de Tunis, qui vous ont voulu faire accroire qu'un corsaire d'Alger l'avoit pris. Vous aurez su par voye de Tunis la vérité, et comme lesdits corsaires étoient dudit Tunis. La barque étoit de l'armement de Sidi Mami Caya, de Issoufenday, lequel a retiré ladite tartane de patron Broumette, vin, canelle et safran, que l'on a dit être sur ladite tartane. Vous m'estimez très-mal que je voulusse préjudicier à la paix d'Alger, laquelle a été conclue et arrêtée par mon entremise, par commandement du Roy et n'y a personne que désire plus que moi qu'elle soit stable et de durée. Tous ceux qui cherchent contrecarrer la vérité ne pourront faire voir que les corsaires d'Alger, depuis la paix, ayent pris, hors l'un de vos vaisseaux et une barque d'Arles et fait déplaisir à un patron de Frontignan ; aussitôt que ceux d'Alger ont receu vos lettres, ont rendu justice ; et vous ne verrez à l'avenir tant de corsaires dudit Alger aux mers de Provence. Mais que sert tout cela, puisque ne voulez croire ce qu'est de la disposition d'Alger ; combien de barques ont-ils rencontré chargées de marchandises et n'ont rien fait ? Monsieur Berengier peut-il nier que une sienne barque chargée de cuirs ne soit été rencontrée par trois fois et relaxée desdits corsaires ? Si vous autres, Messieurs, voulez savoir la vérité, est facile de la savoir, et le bénéfice qu'avez receu depuis le traité de ladite paix ; et, si l'on n'eut retenu les Turcs de Tunis en Provence, les affaires dudit Tunis y auroit longtemps que seroient accomodées. Je vous en ay donné souvent avis, et comme le commun trouvera de l'utilité de vivre en paix avec cette sorte de gens ; maintenant vous voyez que vous recevez double perte de ce que lesdits corsaires vous ont pris en payement desdits Turcs. N'y a rien à douter que ceux de Tunis ne conservent la paix après la restitution de leurs Turcs. Je prie Dieu que le voyage de Monsieur Berengier, que vous avez député pour demander la restitution des prises, soit si heureux selon votre désir ; si m'eussiez écrit une lettre et assuré la restitution des Turcs, ainsi que vous ay requis par mes précédentes, serois allé audit Tunis ;

puisque vous autres ne l'avez trouvé bon, je ne sais qu'y faire; si désirez que je ne mė mėle en aucune façon des affaires de Barbarie, je quitteray très-volontiers le four et seray bien aise que mon absence d'ici vous porte de contentement et utilité; prieray tousjours le Créateur, Messieurs, que vous donne longue et heureuse vie, avec le complémant de vos justes desseins. — Votre très-humble et très-obéissant serviteur.

» SANSON DE NAPOLLON. »

Jusqu'au milieu de l'année 1629, le traité avait donc produit de bons effets. Les pertes énormes que les Reïs avaient subies au combat naval de Barcelone avaient abattu les forces et l'orgueil de la Taïffe, et le parti Turc d'Alger avait profité de cet incident pour se débarrasser des principaux agitateurs. Au printemps de 1629, une vingtaine d'entre eux s'étaient vus enlever et emprisonner ou interner à Bougie : en même temps, il avait été pris des mesures sévères contre les Colouglis, auxiliaires naturels de toutes les conspirations. Les conseils de Sanson Napollon étaient écoutés, et Marseille venait de se décider enfin à envoyer à Alger le capitaine Nicollin Ricou, chargé de représenter les intérêts français. On pouvait donc espérer la continuation de la paix, lorsque les agissements barbares de quelques-uns de nos nationaux vinrent tout remettre en question, et offrir aux déprédateurs un prétexte que ceux-ci se gardèrent bien de laisser échapper. Une chaloupe, montée par seize Turcs d'Alger, qui s'étaient trouvés séparés de leur navire par quelque accident de mer, errait dans les eaux de la Sardaigne, lorsqu'elle fit rencontre d'une barque de La Ciotat, qui retournait à Marseille. Se fiant à la paix nouvelle, les Algériens demandèrent à être recueillis par le vaisseau Français et conduits en Provence, où ils espéraient trouver l'occasion de se rapatrier : à peine eurent-ils mis le pied à bord, qu'ils furent inhumainement massacrés. Quelques jours plus tard, la barque le *Saint-Jean*, d'Arles, rencontra sur la côte d'Espagne une tartane d'Alger qui se laissa approcher sans défiance, fut enlevée par surprise, et dont l'équipage fut vendu aux galères d'Espagne. Ces graves infractions excitèrent à Alger une indignation légitime, et la guerre eût éclaté à l'instant même, sans les efforts réunis du Gouverneur du Bastion et du nouveau Consul, qui promirent une éclatante réparation, et le châtiment des coupables. Sur ces entrefaites, survint une nouvelle complication ; Hamza, l'otage qui habitait Marseille (1), ayant eu connaissance de tout ce qui venait de se passer, ne douta pas que ses compatriotes n'en eussent tiré une prompte vengeance, se souvint du meurtre de Caynan-Agha (2) et de Rozan-Bey, et jugea prudent de se dérober par la fuite aux dangers qu'il craignait ; de retour à Alger, il chercha à justifier son évasion en racontant qu'il avait été maltraité et menacé de mort. Tout cela ne faisait qu'accroître l'irritation contre les Français ; cependant à force d'habileté, de démarches personnelles et de présents, Sanson était parvenu à apaiser l'affaire et à montrer les choses sous leur véritable jour, il avait même déjà décidé le Divan a envoyer un nouvel otage, lorsque vint à surgir le nouvel élément de discorde qui devait raviver les haines et mettre à néant les effets du traité de 1628.

Vers la fin du mois de novembre 1629, Isaac de Launay, chevalier de Razilly, revenait du Maroc, où il avait été envoyé en ambassade avec MM. du Chalard et de Molères, lorsqu'il rencontra dans les eaux de Salé un vaisseau Algérien commandé par Mahmed-Ogia. Il l'amarina sans rencontrer la moindre résistance, en mit l'équipage sur les bancs de la chiourme, et emmena le reïs prisonnier en France. Cette fois, ce fut en vain que Napollon chercha à apaiser les esprits : le malheur voulut que les armateurs de Mahmed-Ogia fussent des principaux d'Alger ; d'ailleurs, le crime leur paraissait, avec raison, bien plus grand, commis par un navire du roi, que ceux qui avaient été l'œuvre de quelques particuliers. Les reïs s'empressèrent de courir sus aux navires Français, et ne tardèrent pas à faire de nombreuses

(1) D'après le traité de 1628, les Algériens devaient entretenir à Marseille un otage, choisi parmi les principaux du Divan.

(2) Voir l'*Histoire nouvelle du massacre des Turcs en la ville de Marseille en Provence, faict en l'an mil six cent vingt*, etc., réédité par H.-D. de Grammont (Bordeaux, 1879, in-12).

prises : le capitaine Ricou (1) essaya de protester ; il fut maltraité et mis aux fers : tout ce que put obtenir le gouverneur du Bastion, en dépensant dix mille piastres (23,350 fr.), fut la libération de quelques équipages qui venaient d'être amenés, et la relaxation de Ricou. Celui-ci ne s'en montra guère reconnaissant, et, à partir de ce moment, il se joignit aux ennemis de Sanson, qu'il accusait d'être l'ami des Algériens plutôt que celui de ses compatriotes ; il alla même jusqu'à insinuer qu'il s'était secrètement fait Musulman (2). Du reste, les menaces dont il avait été l'objet, et les quelques jours de captivité qu'il avait souffert, lui avaient enlevé le peu de force morale qu'il eût jamais possédé. Il ne cessa plus de demander son rappel, poursuivant les magistrats de Marseille de ses doléances, déclarant qu'il ne voulait plus se mêler de rien, et suppliant qu'on le remplaçât par son chancelier, M Blanchard, homme d'un caractère sombre et ambitieux, qui aspirait à lui succéder, et qui, pour arriver à ses fins, employait des moyens tortueux, intriguant dans le Divan, cherchant à nuire aux *Établissements* (3) et à amener la ruine de leur chef. Il faisait croire à Ricou que Sanson était le seul obstacle qui s'opposât à son départ, exaspérant ainsi cet homme d'une nature honnête, mais d'une faiblesse de caractère déplorable ; à la fin, voyant que les Consuls de Marseille ne tenaient aucun compte de ses réclamations, cet agent trop craintif se décida a abandonner son poste, et s'enfuit d'Alger au mois de mars 1631. Blanchard, qui avait très-probablement préparé et facilité cette évasion, se fit reconnaître comme délégué par le Divan, moyennant quelques présents : mais il eut plus de peine à se faire accepter par les Français, qui laissèrent ses lettres sans réponse pendant plus de six mois (4), édifiés qu'ils étaient sans doute sur sa valeur morale. Cependant, comme il ne manquait pas d'adresse et d'entregent, il se fit rendre quelques prises et

(1) Le capitaine Ricou ne fut jamais investi régulièrement du titre de Consul (voir sa lettre du 3 juillet 1630).

(2) Voir la lettre du 3 juillet 1630.

(3) Voir la lettre de Sanson Napollon du 21 septembre 1630.

(4) Voir la lettre de Blanchard du 20 novembre 1631.

quelques captifs, et se créa ainsi des protecteurs dans sa ville natale. Il ne fut pourtant jamais que toléré, et nous verrons bientôt que son esprit d'intrigue le jeta dans les plus grands embarras. Tous les faits dont nous venons de faire le récit sont authentiqués par les lettres suivantes (1) :

Lettre de M. Sanson Napollon à MM. les Consuls et Gouverneurs de la ville de Marseille

Du Bastion, le 4 juillet 1629.

« MESSIEURS,

» J'ay receu la lettre que m'avez fait la faveur de m'écrire du 19e juin, par laquelle j'ay veu que vous aviez mandé Monsieur Bérengier à Tunis. De quoy j'en suis bien aise. J'ay appris nouvelle de son arrivée audit Tunis et que l'on l'avoit bien receu, et prie Dieu qu'il apporte toute la satisfaction que vous et le public désirent. Les Francois qui étoient détenus esclaves, étoient, devant son arrivée, relaxés et deux barques de la Ciotat et une tartane de Monsieur Belin de Marseille. Esta Moura m'écrit qu'il avoit donné liberté à neuf Francois qui étoient à lui, que les marchandises de la barque appartenant à Monsieur Gratian étoient en dépôt, attendu que n'avoient trouvé personne sur ladite barque. Pour cette année, les galères et armements de Tunis ne peuvent sortir; les Mores leur donnent de quoy penser. Il n'y a que quinze jours qu'ils lui ont rompeu un camp. Le Divan de Tunis a mandé en Alger une bonne somme de deniers et demandent assistance contre les Mores. Le quinzième et dix-huictième juin, les Turcs se sont rendus les plus forts dans le Divan, ont deschassé cent cinquante personnes des principaux, confinés dans le château à Bugie, la plupart Coroulis, et fait ordonnance que lesdits Coroulis ne pourront plus être que simples soldats. Je crois que cette affaire ne demeurera pas là ;

(1) Toutes ces lettres ont été copiées aux archives de la Chambre de commerce de Marseille : celles de Sanson Napollon (AA, art. 462), celles de Ricou (AA, art. 462 *bis*), celles de Blanchard (AA, art. 463), et les autres (AA, art. 507 et 508).

toutefois, si le gouvernement demeure ès mains des Turcs, sera beaucoup mieux, et les commandements du Grand Seigneur seront plus obéis ; on appelle Turcs les Levantins et les Reniés. Vous avez bien fait d'envoyer le capitaine Nicollin (1) pour visiter audit Alger. Il se peut attendre de lui bonne satisfaction, tant en ce que regarde le service du Roy, que la protection de ses sujets. S'il passe par ici, je lui donneray des mémoires que ne feront point de mal à son entreprise et lui donneray la connaissance de personnes affectionnées à la nation Francoise, et contribueray de ma bourse, suivant mon petit pouvoir, à cette fin qu'il puisse bien protéger aux occasions ceux que auront besoin en Alger.

» Voyant que ne peuvent faire grand gain hors des Francois, il n'y a maintenant que trente navires de course ; sont tous arrêtés. Il n'y a que deux, le Negrille et Ahmed Oge l'Andalous, qui portaient les disgraciés à Bugie et sont allés en course sans congé du Divan ; sont deux petits navires fort mal équipés. Il est bon que sachiez ce qui suit ; une barque de la Ciotat était aux mers de Sardaigne ; une lanche avec seize Turcs d'Alger dedans, étant séparés de leur navire, reconnut ladite barque de la Ciotat ; confiant à la paix, se remirent à bord de ladite barque, les priant de les conduire en Provence pour passer de là en Alger ; au lieu de les conduire, leur ont coupé la teste et tout pillé. La barque appelée Saint-Jean d'Arles, à la cote d'Espagne, prit une barque d'Alger, et les ont vendu aux galères d'Espagne. Les corsaires d'Alger, depuis la paix, n'ont pas rendeu de semblables actions ; est bon de enquérer cette affaire et faire que l'ostage écrive de belles lettres, lettres de la part de Monseigneur de Guise et des votres, remplies de paroles de compliments, les assurant que les articles de la paix continuent ; que, en cas que quelques-uns d'une part et autre fissent quelque mal, l'on demandera par devant la justice, sans que la paix et amitié reçoivent aucun intérêt ; laquelle sera à tout jamais stable et bien

(1) Le capitaine Nicollin Ricou, que les consuls de Marseille venaient de se décider à envoyer à Alger, en remplacement de Fréjus, qui excitait depuis longtemps de nombreuses plaintes.

gardée et tous ceux qui feront le mal seront punis ; n'y a point de mal de leur écrire que de votre côté tous les Musulmans recevront plaisir et aux occasions bonne justice, et les prier de faire ainsi de leur côté. Je n'ay rien de nouveau pour assuré. Continue tousjours mes prières au Créateur, Messieurs, que vous donne longue et heureuse vie, avec le complémant de vos justes desseins. Votre très-humble et très-obéissant serviteur.

» SANSON DE NAPOLLON. »

Lettre de M. Sanson Napollon à MM. les Consuls et Gouverneurs de la ville de Marseille

Du Bastion de France, le 5 septembre 1629.

« MESSIEURS,

» Verrez par les lettres de M. Ricou, Consul d'Alger, comme il a été bien receu en Alger, et la résolution qu'ils ont de vivre en paix avec vous autres, Messieurs, et comme ils ont promis de rendre bonne justice aux occasions ; vous verrez d'ici avant peu combien Messieurs d'Alger vivront dans le respect, et le bénéfice que le public recevra d'être en paix avec cette sorte de gens. Le Divan m'écrit que si Messieurs de Tunis ne vivent pas en paix avec les Francois, ils se déclareroient ses ennemis ; autant en feront avec ceux de Sallé.

» Messieurs, il est nécessaire que, de votre côté, vous correspondiez à eux de la même facon qu'ils feront avec vous et faire rendre justice aux occasions. Il ne peut pas arriver grand intérêt à ceux d'Alger ni au pays et peu de chose leur serviroit de prétexte ; et cependant le moindre de vos navires vaudra beaucoup et la rupture sera plus aisée ; vous aurez appris la chose qu'a rendu le Divan d'Alger ; ont deschassé toutes les mauvaises gens, les avanys (1) et cabalistes, rendu sa ville et sa justice claire ; est exemple très-grand pour autres villes ; dans les-

(1) Je n'ai pu rencontrer ce mot nulle part ; le Dictionnaire de Trévoux donne le mot *avan* avec le sens *inique ;* cette leçon s'accorderait volontiers avec l'esprit général de la phrase dans laquelle se trouve placé le mot avanys.

quelles la vérité et la raison est peu connue (1); vous ne sentirez plus de corsaires en vos mers; car les défenses sont été fort rigoureuses d'y sortir des esclaves en fraude ou habitants de Marseille. Il n'y demeure point que deux, lesquels ne se trouvent pas dans la ville, mais aussitôt qu'ils arriveront seront délivrés. Nonobstant le peu de gré et reconnaissance que j'y retire de quelques-uns de votre ville, je ne laisse de continuer de vous servir, espérant qu'un chacun reconnaîtra mes services; je ne vous demande rien pour récompense, seulement la confession de ma fidélité et de mes bonnes intentions avec le public; et avec cela je finis et consacreray ma vie à dépendre le peu de bien que Dieu m'a donné pour votre service, et prie Dieu que vous donne le comble de vos désirs, Messieurs. Votre très-humble et obéissant serviteur.

» SANSON DE NAPOLLON. »

Lettre de M. Sanson Napollon à MM. les Consuls et Gouverneurs de la ville de Marseille

Du Bastion de France, le 12 octobre 1629.

« MESSIEURS,

» J'ay receu la lettre vous a plu m'écrire par le capitaine Lebar et suis de plus en plus obligé à la peine qu'il vous plaît de prendre de m'honorer de m'écrire si souvent comme vous faites. Je vous assure que le discours de votre lettre m'est sujet d'employer ma vie et mon bien pour bien servir le public, à quoy je ne manqueray jamais; et en tout ce que me jugerez capable, vous me ferez plaisir m'y commander sans vous mettre en aucune peine de dépenses; que, tant que j'en auray, je le dépendray pour le bien public. Je suis faché que la maladie soit si proche de Marseille (2), et prie Dieu la vouloir conserver. Je

(1) Sanson Napollon fait allusion ici au mauvais esprit qui règne contre lui à Marseille, aux menaces qui ont été faites publiquement, et aux injures auxquelles ses amis et sa famille ont été exposés.

(2) Marseille était menacée de la peste, qui l'atteignit en effet peu de temps après. (Voir les lettres suivantes).

vous mande maintenant le galion la *Sainte Marie* et deux autres vaisseaux chargés de blés. Je continueray tousjours, et vous assure que je ne manderay point en autre lieu et suis bien aise de ce que vous pourrez avoir du Bastion l'assistance que désirez; je vous envoie aussi de chair; mais je suis en peine de vaisseaux, et à la saison prochaine les bœufs ne sont pas assez gras. Tels qu'ils sont, si vous en voulez, faites venir des barques, je vous en manderay. Pour les affaires d'Alger, pouvez attendre toute sorte de bonne justice du Divan. Ils sont portés à la conservation de la paix, maintenant que les commandements du Grand Seigneur y sont obéis; j'ay envoyé à Constantinople le patron Balthazar d'Allesy avec sa polagre et homme exprès pour obtenir des commandements pour Alger, Tunis et Tripoli de Barbarie pour la confirmation de ladite paix, et vous jure sur ma foi de y avoir envoyé six mille piastres pour faire les frais, et si Monsieur l'Ambassadeur obtient lesdits commandements, suivant les minutes que je lui ay envoyées, les affaires de la paix se remettront dans une très-bonne tranquillité. Je désire, avant me retirer, aller à Tunis et Alger pour faire valoir lesdits commandements; et combien que y soyent beaucoup de peines et de dépenses, néanmoins je fais l'un et l'autre volontiers pour l'affection que j'ay de servir le Roy et le public; vous voyez la peine que vous autres, Messieurs, avez eue pour contenter le sieur Amza (1) qui n'est qu'un seul; que peut être la peine que j'ay en Alger de contenter un plus grand nombre de plus difficiles et les faire rendre à la raison. Ledit sieur Amza est encore ici. Je ne sais si le Divan d'Alger trouvera bon son retour sans sa permission. Je lui ay écrit, qu'attendeu que par ordonnance du Divan, il a été dit que les ostages se changeront tous les ans, et que se feroit élection de personnes principales, et, qu'étant finie l'année dudit Amza, je l'ay fait venir, et lorsque j'iray en Alger, l'on fera élection d'un autre qui s'en ira avec moi. Il est bon d'entretenir les affaires de facon que si le Roy trouvoit bon d'en avoir d'autres, et si vous autres y trouvez de l'utilité, d'en

(1) C'était l'otage mécontent qui avait fini par quitter Marseille de peur des représailles de la foule (voir page 293).

pouvoir avoir, lorsque trouveroit bon. Au cas de *non*, l'affaire demeurera suivant votre désir. Le capitaine Ricou s'acquitte dignement de sa charge, est bien vu du Bassa et Divan d'Alger.

» Vous auriez besoin d'un semblable à Tunis, si désirez que les affaires y aillent bien. M. Bérengier est parti le vingt-six de septembre pour aller à Tripoli de Barbarie. Et Dieu lui donne heureux succès de son voyage; et prie le Créateur, Messieurs, de vous donner longue et heureuse vie avec le complimant de vos désirs. Votre très-humble et affectionné serviteur.

« Sanson de Napollon. »

Lettre de M. Sanson Napollon à MM. les Consuls et Gouverneurs de la ville de Marseille

Du Bastion de France, le 20 décembre 1629.

« Messieurs,

» Tout maintenant je viens de recevoir, par lettre d'Alger, nouvelle que ayant appris le Divan dudit que Monsieur le Chevalier de Rasilhieu (1) a pris un petit navire d'Alger commandé par Amet Oge aux mers de Sallé, et a fait mettre à bord la plupart des Turcs qui y étoient dignes, le navire l'a fait conduire en France ; le Raïx s'est embarqué avec ledit sieur de Rasilhieu pour demander justice au Roy, pour la restitution de son navire et équipage, d'autant que ledit Raïx, au même temps que a vu l'estendard de France, fit ployer ses voiles à la considération de la paix. Messieurs d'Alger ont trouvé cette procédure étrange, attendu que de leur coté ont toujours défendu à ses corsaires de ne faire aucun déplaisir aux Francois, vu que chatieront vigoureusement ceux qui contreviendront au traité de paix, ont toujours offert de rendre justice et châtier les contrevenants, voyant que du coté de France commencent à rompre les premiers, est

(1) Le chevalier de Razilly (de Launay), célèbre dans l'histoire de la marine du temps, chargé, en 1629, de l'ambassade du Maroc avec MM. de Molères et du Chalard. Il fut plus tard un des fondateurs des possessions françaises dans l'Acadie.

cause que le consul Rique a été mis aux fers, et a été ordonné par ledit Divan (2), que dans six mois rapportera du Roy le relaxement dudit navire ou son payement. Je crains que ce prétexte ne préjudicie à la conservation de la paix, attendeu que les mal affectionnés solliciteront leurs intentions, et j'ay demeuré peu de vous en donner avis, à cette fin que vous autres, Messieurs, y apportiez la diligence que bon vous semblera être, aviser Sa Majesté, pour faire rendre ledit navire et son équipage, lequel ne peut valoir plus de deux mille écus, et le mal qui vous pourra arriver ira à l'infini. Dans le Divan ont fait lire les capitulations de la paix, conclu de nouveau de la maintenir et observer, et de châtier les contrevenants, si en France rendent la justice pour la restitution de leur navire. Cette affaire me donne sujet d'aller en Alger, pour apporter tout ce que me sera possible pour la conservation de ladite paix, L'ostage qui étoit à Marseille, pour se garantir du manquement qu'il a fait de s'être retourné sans le commandement d'Alger, a dit d'avoir couru danger à Marseille de la vie, attendeu qu'il y a des gens de bien qui aimoient la paix et d'autres non et que il y en a quelques-uns qui font poursuite contre moy pour avoir fait ladite paix ; le Divan a pardonné ledit ostage et pris croyance que les Francois ne désiroient point leur paix, voyant l'action que Monsieur Rasilhieu a rendeu. Je pars au premier jour pour aller audit Alger, et j'emploieray tout ce que sera à moy possible pour le bénéfice public. Mais il faut que vous autres, Messieurs, apportiez s'il vous plaît, la diligence pour la restitution dudit vaisseau.

» Je continueray tousjours mon affection accoutumée, et prieray le Créateur, Messieurs, que vous donne longue et heureuse vie, avec le comble de vos justes désirs. Votre très-humble et très-obéissant serviteur,

» SANSON DE NAPOLLON. »

---

(2) On voit que ce fut l'infraction du chevalier de Razilly qui causa l'emprisonnement du vice-consul ; à partir de ce moment il perdit complétement la tête et ne pensa plus qu'à quitter Alger, où il ne rendait plus aucun service.

Lettre de M. Lazarin de Servian (1) à MM. les Consuls et Gouverneurs de la ville de Marseille

Du Bastion de France, le 2 mars 1630.

« MESSIEURS,

» Depuis le départ que M. Sanson a fait pour Alger, qu'a fait le vingt-cinq de janvier, j'ay fait tout ce que m'a été possible pour satisfaire à ce que je vous ay promis de vous envoyer tant de blé qu'il se pourra ; et, à cet effet, j'y ay contribué de tout ce que m'a été possible ; car l'affection que j'ay pour ma patrie et le service que je vous dois en votre particulier m'a fait y contribuer de ma bourse, à l'endroit du premier cheik de ce pays, d'un petit présent que j'ay fait d'une veste d'écarlatte. Ce n'est pas que je désire d'en être remboursé de ma patrie ; car je désire au péril de ma vie, de la servir. Il m'a fait venir du blé pour charger cette polacre et le Dauphin, et une barque, lesquels partiront tous trois dans trois jours, s'il plaît à Dieu, que je prie les vouloir conduire à bon sauvement. J'espère que, dans peu de jours, nous aurons ici M. Sanson, parce que j'ay eu lettres de lui par (lesquelles) il me marque et son arrivée audit Alger, et qu'il espère d'obtenir tout ce qu'il désire pour le bien des affaires de la paix, et de les établir, s'il plaît à Dieu, de facon que ses envieux ne trouveront à redire. Il n'y épargne pas sa bourse ; car je vous assure qu'il a emporté avec lui dix mille piastres pour donner. Il ne manquera pas d'y faire tout ce qu'il doit. Je tacheray de me pourvoir de tant de blé que faire se pourra, par les premiers (vaisseaux) qui viendront, je vous en enverray ; car je ne désire que de vous faire voir en effet le désir que j'ay d'être toute ma vie, après avoir prié Dieu qu'il vous tienne en sa sainte garde, Messieurs, Votre très-humble et très-affectionné serviteur.

» LAZARIN DE SERVIAN. »

---

(1) Dans un acte passé devant Me Baldouyn, notaire royal, le 12 septembre 1628, M. Lazarin de Servian est qualifié d'écuyer et est devenu depuis un des principaux agents du Bastion.

Lettre de M. Nicollin Ricou à MM. les Consuls, Gouverneurs, Protecteurs et Défenseurs de Marseille

Alger, le 7 mai 1630.

« MESSIEURS,

» Je vous ay écrit au long par voye du Bastion et par là verrez l'état des affaires. Je vous diray encore par cette présente que, le vingt-huitième du mois d'avril, ont été amenés la polacre patron Laure, la barque patron Martin, la tartane patron Jannas, venant tous trois d'Espagne, après avoir été rencontrés par la galère de Chiliby Pichinin (1), après s'être combattu et avoir tué et blessé quelques Turcs, et sans mettre la bannière de France, là où a été déclaré le tout de bonne prise ; et pour les gens et barques, je crois, seront relaxés par une bonne somme de deniers que M. Sanson de Napollon a déjà donnée et faudra donner. Pour moy, ce sont des signes qui ne m'agréent. Je suis résoleu de tout quitter, comme je vous ay déjà écrit par plusieurs fois, si je puis avoir licence de m'en aller. Voilà pourquoy vous me devez donner satisfaction à mes demandes que je vous ay déjà faites, puisque vous y êtes obligés, m'ayant député pour le service du public, ce que ayant effectué à mon possible ; mais vous voyez par ces procédures que je suis inutile en ce pays, puisque mes raisons ne sont entendues ; mêmement m'ayant fait mettre à la chaîne comme vous savez, et que m'ont fait perdre le respect. Il semble que vous autres, Messieurs, n'avez point du ressentiment, puisque permettez que je demeure en ce pays. Je vous ay écrit d'écrire une lettre à ces Messieurs pour avoir en recommandation le sieur Jehan Blanchard, que je fais état de le laisser pour exercer la charge de consul.

» Je vous prie m'envoyer votre résolution comme je me dois gouverner ; vous ne pourrez pas dire que je ne vous aye écrit

---

(1) Le Piccinino, célèbre corsaire du temps, un des principaux chefs de la Taïffe. Il est souvent parlé de lui et de son fils dans les *Relations* des pères Rédemptoristes.

toutes mes intentions par toutes commodités sans avoir eu aucune satisfaction par vos lettres, vous protestant de tout ce que pourra arriver, puisque je ne dépends que de vous autres et que vous me devez mander ce qu'est de votre volonté et moy d'obéir à vos commandements. Je ne sais plus que vous dire, croyant vous avoir donné satisfaction de mes actions et procédés, n'ayant pu faire davantage pour le service du Roy et de ma patrie ; cependant me permettez, Messieurs, que je me dise, Monsieur (1). Votre très-humble et très-obéissant serviteur.

» N. Ricou. »

Lettre de M. Nicollin Ricou à MM. les Consuls, Gouverneurs et Protecteurs de la ville de Marseille

Alger, le 1er juin 1639.

« Messieurs,

» Par ma dernière que je vous ay écrit, a été par patron Hector Martin par voye de Bône et de La Calle au Bastion, et par icelle vous ay donné avis tout au long de ce que s'est passé, que sera cause abrégeray. En cette ici, ce n'est que pour vous dire comme ce jourd'hui ont tenu un grand Divan, par lequel ont délibéré la licence des barques de s'en pouvoir en aller, et je crois partira dans deux heures la barque de patron Jehan Feraud qui s'en va au Collo, et le reste des gens de patron Laure, et des autres deux barques que s'en vont par voye du Bastion. Ce n'a pas été sans peine ; car dans ledit Divan s'étoit fait une partie contraire, lesquels ne vouloient que fut permis aucune licence que Mamet Ogia ne fut premièrement en cette ville, représentant qu'il n'y soit arrivé quelque sédition et que on ne l'ay fait mourir, attendeu que n'ont receu aucune lettre de lui, et que Monseigneur le duc de Guise a écrit, où ladite lettre nous fait plus de mal que de bien et sur cela prennent de mauvais ombrages ; et son retardement nous porte et peut porter de

(1) Sic.

grands malheurs ; qu'est la cause que ne se pouvons plaindre contre ceux qui ont pris de barques de France ; car sitôt que nous voulons plaindre, nous présentent ledit Mamet Ogia devant les yeux, et si voulez éviter quelques grands malheurs, vous prie, tant que faire puis, le mander plutôt que pourrez ; autrement sommes pour se voir sur les bras quelque sédition et grand hazard que se peut encourir ; car les intéressés du vaisseau dudit Ogia sont presque tous de Boulouks-Bachys et les plus avant dudit Divan ; ce pourquoy, Messieurs, vous prie de comprendre mon discours et l'intérêt que peut porter. Car est plus grand que je ne puis écrire ; remettant le tout à vos sages considérations, vous donnant avis comme ce jourd'hui est parti près de deux mille hommes que s'en vont vers le Couque (1) pour défaire l'armée des Cabaïles que fesoient état de s'en venir ici. Je vous ay écrit par mes précédentes comme je fais état de demander licence de m'en aller et de laisser M. Blanchard en la charge de consul et vous ay prié, comme encore vous prie, d'écrire deux lettres, une au Bassa et Divan, et l'autre à l'Aga de la milice pour le recommander en justice ; n'ayant à présent autre à vous dire, si non de me permettre que je me puisse dire, Messieurs, Votre très-humble et obéissant serviteur.

» N. Ricou. »

Lettre de M. Nicollin Ricou à MM. les Consuls, Gouverneurs, Protecteurs et Défenseurs de Marseille

Alger, le 3 juillet 1630.

« Messieurs,

» Depuis vous avoir écrit, vous apprendrez que depuis la prise de la polacre du défunt patron Laure, la barque patron

(1) Couço ou Kouko ; ce village kabyle était à cette époque le centre d'une confédération dont le chef, descendant d'Ahmed ben El-Cadi, prenait le titre de sultan de Kouko.

Martin et la tartane patron Jannas, j'ay appris que trois vaisseaux de Tunis et un vaisseau d'Alger avoient rencontré et pris une polacre et deux barques venant de Levant, les ayant menées dans la Goulette, là où ils ont fait les partiments et chacun pris sa part, tant ledit vaisseau de cette dite ville ; moy, ayant notice de ladite prise, à même temps, en ay averti le sieur Sanson de Napollon, lui remontrant qu'il falloit faire plainte ; et en ce même temps, je m'en allay former plainte au Bassa et à Sidi Amouda, celui qui fait la paye des soldats ; n'ayant pu tirer d'eux aucune bonne réponse, puisque vous savez, Messieurs, comme je vous ay écrit par toutes mes lettres, que ne tiennent plus grand compte de moy ni de mes paroles, depuis que m'ont fait perdre le respect, comme savez, et mêmement que celui qui a fait la paix ne se plaint pas, et n'a fait aucune recherche tant de ceux-ci, comme des autres que sont été pris depuis la paix (1), l'ayant remontré par plusieurs fois de le faire et de m'assister de son aide et faveur, me répondant que ne vouloit se faire aucuns ennemis ; et, au contraire, tous les capitaines corsaires que sont venus en cette ville, que nous étions assurés qu'avoient pris vaisseaux ou barques Francoises, et mêmement que ont apporté des garcons que les ont fait renier par force ; et au lieu de faire de plaintes, il les envoyoit quérir dans sa maison, en compagnie d'autres capitaines et là fesoient de grands banquets et soupers ensemble, chose qui me fait penser que je n'ose dire (2) ; mais

(1) On voit ici le commencement des discussions entre les députés de Marseille et Sanson Napollon. Le capitaine Ricou y afficha des prétentions que son successeur, M. Blanchard, continua à soutenir. D'après eux, Sanson Napollon ayant fait la paix devait se charger de faire respecter les traités, à ses frais, risques et périls. Celui-ci leur répondait avec beaucoup de raison qu'il avait traité comme ambassadeur, et que maintenant, n'étant plus que gouverneur du Bastion, il n'avait pas à intervenir entre eux et le Divan ; qu'il ne leur refusait ni ses avis ni son aide ; mais que c'était à eux à faire les réclamations nécessaires, en s'appuyant sur le texte des conventions. Ni M. Ricou ni M. Blanchard ne voulurent adopter ce mode de procéder, et la mésintelligence ne fit que s'augmenter.

(2) On voit que le capitaine Ricou va jusqu'à accuser Sanson Napollon de s'être fait renégat. Les relations amicales qu'il s'était créées dans

je laisse l'explication à vous autres, Messieurs ; il cherche tous les moyens pour me faire faire chose contre la justice et la raison, à cette fin d'obliger la ville, me reprochant à tout coup que je suis député de ladite ville ; mais moy, étant bon serviteur du Roy et de ma patrie, ne consentiray jamais que par force, depuis que je connois que j'ay assez dépendu, comme vous avez vu par les attestations à vous envoyées. J'avois lié une partie dans le Divan pour faire recevoir Monsieur Blanchard à la charge de Consul et demander licence de m'en aller, pour oster d'ici ce nom de député, et pour oster le sujet des prétentions dudit sieur Sanson ; lequel suis été empêché par la cabale des gens entretenus dudit sieur Sanson, car sans cela je vous assure que mon dessein seroit venu en effet, par moyen de quelque argent que j'avois promis. Il avoit fait une entreprise à la sourde pour sortir d'ici, et s'en aller au Bastion et me laisser moy à la peine pour satisfaire les prétentions de l'armement de Mamet Ogia, que je crois ne seront pas trop petites ; mais, avec l'aide de mon Dieu, j'ay empêché ce coup là, et a été retenu jusqu'à l'arrivée dudit Ogia. Je ne sais pas comment le vent passera ; voilà pourquoy, Messieurs, vous devez penser à m'oster d'ici, de quelle facon que ce soit, ou pour amour ou par force, puisque ma demeure ici ne peut apporter que grands préjudices à la ville et non point de bénéfices. Je vous ay supplié par toutes mes lettres de m'envoyer de lettres adressantes à ces Messieurs, et lui recommander en justice ledit sieur Blanchard, ce que vous autres n'avez daigné faire. Car c'est le moyen de m'oster d'ici pour être mieux les affaires du public ; vous protestant comme vous ay protesté par mes précédentes, de tout ce qui peut arriver, tant pour l'intérêt dudit public que de ma per-

---

le Divan et parmi les principaux des Reïs eussent été un élément précieux de conciliation, si les envoyés de Marseille se fussent donné la peine d'en tirer parti. Au lieu de cela, ils en faisaient la base de leurs récriminations envieuses, et détruisaient par cette conduite inepte tout le bien qui avait été longuement et péniblement acquis. M. de Vias avait bien mieux compris la question, quand il écrivait : « Avec ces gens, il faut procéder par la voie habituelle du pays, qui est *la mangerie.* »

sonne. Je sais que vous autres, Messieurs, vous êtes affligés du fléau de Dieu (1), lequel le faut tretous prier que lui plaise d'apaiser son ire; et à ces Messieurs, lui oster les moyens qu'il ne nous puissent faire recevoir plus grands intérêts. Vous autres, Messieurs, y êtes obligés, comme pères de familles que vous êtes. Cependant, Messieurs, je prieray le Créateur que vous délivre de son ire et vous augmente la santé, et à moy de me dire, Messieurs. Votre très-humble et obéissant serviteur.

» N. Ricou. »

Lettre de M. Nicollin Ricou à MM. les Consuls, Gouverneurs, Protecteurs et Défenseurs de Marseille

Alger, le 26 août 1630.

« Messieurs,

» Je crois vous avoir écrit assez de tout ce que s'est passé en cette ville depuis mon arrivée, de quoy, je crois, n'aurez pas grand contentement, puisque je n'ay eu aucune sorte de justice de ces Messieurs, n'ayant le sieur Sanson de Napollon fait guère mieux que moy durant le temps de six mois qu'a demeuré en cette ville. Puisque donc il ne faut attendre aucune sorte de satisfaction de ces Messieurs, puisque depuis la paix, tout ce qu'on a pris sur les François a été bien pris et tout ce que prendront sera bien pris. Fait quatre jours que ledit sieur Sanson est parti pour le Bastion, et avant sa partance, j'ay fait tout ce que j'ay pu pour avoir licence pour me retirer, ce que je n'ay pu obtenir pour l'empêchement dudit sieur de Napollon, ayant remontré à ces Messieurs que depuis que lui avoit fait la paix, qu'il devoit mettre quelqu'un ici pour répondre, puisque lui

(1) La peste, qu'on craignait à Marseille à l'automne de 1629, et qui avait éclaté au commencement de 1630. Elle fut de courte durée.

seul a tout le bénéfice (1), et la pauvre Marseille rien que l'intérêt; et que j'avois servi mon temps ; que je n'étois point obligé à tout ce qu'arriveroit, et que je ne me mêlerois plus de rien, croyant de me décharger de tout ; mais lui s'est en allé, et moy je suis demeuré, vous protestant, comme vous ay protesté par mes précédentes, de tascher tous les moyens ou par amour ou par force de me lever d'ici depuis que y êtes obligés. Je sais que les affaires ne l'ont pas permis, puisque l'ire de Dieu vous a visités ; le priant de bon cœur que lui plaise d'apaiser son ire et vous aye tenu et vous tienne en bonne santé et vous donne la grâce que vous autres me puissiez tirer d'ici. Car je vous jure que ne peut arriver, suivant le dire de tout le monde, qu'une grande ruine pour les pauvres sujets du Roy, me réservant à vous faire voir par de bonnes écritures et valables témoins en temps et lieu ; vous priant me permettre que je me puisse dire jusques au tombeau, Messieurs, Votre très-humble et obéissant serviteur.

» N. Ricou.

» Vous apprendrez comme il y a trente-cinq ou quarante vaisseaux en course et trois galères ; font état de partir ce jourd'hui. »

Lettre de M. Sanson Napollon à MM. les Consuls et Gouverneurs de la ville de Marseille

Au Bastion, le 21 septembre 1630.

« Messieurs,

» Les bonnes nouvelles de ce que a plu à Dieu faire cesser la maladie de la ville de Marseille doit donner de réjouissance à

---

(1) C'est toujours la même accusation contre Sanson ; on dit qu'il n'a fait le traité que pour son avantage personnel ; qu'il retire tout le bénéfice du Bastion et que c'est Marseille qui a fait les frais de la paix.

tous ses habitants, et de la faveur que Dieu a fait d'avoir conservé vos personnes pour la conservation et restauration de ladite ville. Chacun est obligé à l'honorer ; à mon particulier, j'en ay plus de contentement que personne, autant pour le bien que je désire à la patrie, que pour l'affection que je porte au particulier de vos personnes. Tous vos amis et serviteurs ont sujet d'être contents de la gloire que maintenant vous autres triomphez, d'avoir si bien servi votre nation. Le soin des services que chacun n'a pas le courage de les employer si bien que vous autres, Messieurs, avez fait ici, Dieu vous devra la récompense, et tous les habitants de Marseille vous doivent rester obligés. Monsieur Gazilhe m'a écrit que avez de la précaution de la nécessité du blé ; Dieu vous assistera et tout le secours que pourra sortir d'ici ; assurez-vous que n'ira plus en autre part ; mon voyage et séjour en Alger est cause que les Mores ont retardé son négoce. Maintenant ils commencent à porter du blé. La récolte n'a pas été trop grande en Alger et Tunis ; il y a aussi cherté ; les Tabarquins tachent d'en avoir tant qu'ils peuvent ; j'espère que nous retirerons notre part. Maintenant j'ay ordonné que le navire le *Dragon* et une barque de la Ciotat, qu'elles partent tout présentement ; ordre d'aller à Cassis, et son chargement l'envoyer dans Marseille. Les autres que partiront fera de même. Mon voyage et séjour en Alger, il n'a été que pour le service du public, y écoutant Messieurs d'Alger du déplaisir qu'ils avoient recu de lui avoir renvoyé son ostage, la prise que Monsieur de Rasilheu fit de deux de ses navires et de Mami Oge, et de ce que les gens de Monseigneur le duc de Guise ont fait quelque déplaisir à des vaisseaux que ont rencontré d'Alger, les consuls du Martigues pour avoir levé quatre esclaves Espagnols en une barque d'Alger par force, une barque de la Ciotat d'avoir noyé quarante Turcs qu'elle avoit rencontrés à la côte de Sardaigne ; les prétentions de l'équipage d'un navire que alla à travers au golfe d'Hyères. Toutes lesdites affaires me les a fallu démêler et satisfaire ; sans cela le traité de paix seroit resté rompu, ce que, Dieu merci, je l'ay rétabli en vray et très-bon état, et, à la partance des corsaires, leur ont défendu de ne prendre aucun Francois. Il étoit arrivé audit Alger trois navires Flamans pour sa paix, et ne l'ont pu faire. J'ai de nouvelles que depuis mon départ d'Alger, les corsaires y ont amenés quatre navires Flamans, deux de guerre et deux de marchandises. Un navire Anglois, sur lequel ont pris cent cinquante hommes, a rendu un si beau combat, que a tué deux cents Turcs. Lesdits corsaires ont rencontré plusieurs navires Francois de Ponant, et n'y ont fait aucun déplaisir; ceux d'Alger et Tunis sont dans une grande guerre; Alger a fait représailles sur quelques gens de Tunis qui étoient audit Alger. Reviendra au bénéfice de notre paix, attendu que les mêmes corsaires d'Alger n'auront retraite à Tunis. Le Divan d'Alger ont mandé à Sallé de ne retirer ceux qui se bannissent d'Alger et qui y portent les prises Francoises, et de y rendre les Raïx et barques qu'ont donné déplaisir à Marseille, après quoy lesdits Raïx recevra son chatiment, à cause que ont défendu qu'à Alger ne se armera plus de ceux ou celles qui y étoient chatiés de justice. Le consul Rique, lorsque fut mis en prison, perdit le courage pour n'être pratique ni accoutumé avec ceux d'Alger. Il a depuis tousjours cherché le moyen de sortir d'Alger et quitter la charge (1). Il y sera mal aisé d'en sortir sans qu'il n'y arrive un autre à sa place. Il m'a pressé pour le faire sortir d'Alger, mais n'étoit pas à mon pouvoir. Il n'est que Monsieur Vias que le peut faire. Ledit sieur Rique n'a pas épargné sa mauvaise volonté contre moy, a fait tous les rapports qu'il jugeoit que me pouvoient arriver mal, a fait d'offres pour avoir le Bastion; la plus mauvaise action qu'il a rendu a été une requeste qu'il a présenté à la douane dans laquelle dit; « Messieurs, maintenant que vos navires sont dehors, les » Francois leur feront du déplaisir; faites donner caution à » Sanson Napollon de tout le mal que vous pouvez recevoir des » Francois. Je ne suis venu ici consul et député de Marseille que » pour un an et suis votre esclave l'année finie. Je suis pauvre, » vieux et meurs de faim. Laissez-moi en aller en mon pays. »

---

(1) Ceci est la réponse aux plaintes de Ricou; il est intéressant de rapprocher la modération un peu dédaigneuse de Sanson Napollon de l'acrimonie du consul et de celle que montrera son successeur.

Il a sollicité durant un mois pour me faire donner ladite caution, et s'il l'eût pu obtenir, seroit été la ruine à tout jamais des affaires de France en Barbarie ; ce seroit été une très-mauvaise coutume de donner caution aux Turcs que font plus de mal que n'en recoivent; Messieurs, vous devez prendre garde de ne permettre que aucun ne se dise en Barbarie que résident sur le le lieu, non député de la ville de Marseille, par ce que pourra dans les occasions arriver de l'intérêt. Monsieur l'Ambassadeur n'a voulu obtenir commandements ni lettres de faveur pour le bénéfice de la paix. Il m'écrit qu'il a dépendu beaucoup à l'envoi de Chaoulx en Barbarie, et veut être remboursé les dépêches qu'il a faites, et me mandant, me les fit payer deux cent huitante piastres, combien que je [illegible]eusse fait du commandement du Roy, sans que j'y eusse revanche. J'ay payé le Capigy ; et avec tout ce qu'il a fait pendant le temps que je suis employé audit traité, n'est pas grand chose. Voilà tout ce que se passe ; finis à cette heure ; je vous assure tousjours de l'affection que j'ay envers le public ; dans ce voyage d'Alger, j'ai sorti cent six esclaves d'Alger avec mon argent ; continueray tousjours, s'il plaît à Dieu, faire le mieux qu'il me sera possible, et prieray le Créateur, Messieurs, que vous donne longue et heureuse vie, avec le complimant de vos justes désirs. Votre très-humble et très-affectionné serviteur.

» SANSON DE NAPOLLON. »

Lettre de Lazarin de Servian à MM. les Consuls et Gouverneurs de la ville de Marseille

Alger, le 22 septembre 1630.

« MESSIEURS,

» Fait environ un mois et demi que j'eus l'honneur de recevoir une vostre lettre par voye d'Alger, à laquelle la rigueur du temps ne m'a permis jusques aujourd'hui de satisfaire à mon devoir de vous y faire réponse ; mais maintenant que j'ay appris que Dieu a retiré son ire, et jeté l'œil de ses grâces sur notre pauvre patrie, je vous diray, Messieurs, que l'inclination que j'ay pour le général de ma patrie et pour l'affection particulière de vos personnes, je n'ay manqué d'effectuer la promesse que je vous avois faite à mon départ, qu'étoit de vous envoyer tant de blé que je pourrois de ce pays, à quoy je trouvay fort disposée la volonté de Mr Sanson, et m'en laissa charge particulière à son départ qu'il fit pour Alger; et si ne fut été la prise de la petite *Sainte-Claire* et du petit patache de Mr Sanson, comme aussi de la barque de Mr de l'Estrade, qui fut prise par les corsaires de Tunis, vous en eussiez eu davantage que n'avez pas eu. Le refus que vous fîtes de recevoir le *Dragon* (1) et autres barques qu'alloient à Marseille, lesquelles Monsieur Gazilhe et feu le capitaine Feizan vous offrirent, de quoy ils me donnèrent avis, me fit juger que vous n'aviez pas besoin de blés, et que ceux du Bastion ne vous étoient pas utiles. Cela a été cause, Messieurs, que le tout qui en est sorti cette année a été à Toulon. Mais ayant appris par les lettres que Monsieur Gazilhe m'a écrit et à Monsieur Sanson, qu'est arrivé ici depuis le 8e du courant, par lesquelles nous avons appris que la ville se trouve en quelque sorte de nécessité de blés, sera la cause que, d'ores en là, les grains que se retireront du Bastion, vous en aurez une telle portion que le public en retirera du soulagement, et vous autres, Messieurs, de la satisfaction. Je n'ay jamais eu autre désir en mon particulier que de bien et utilement servir ma patrie, quoique la langue de mes ennemis sans sujet (2) ait voulu en mon absence me blâmer de choses desquelles je suis innocent. J'espère en Dieu qu'un jour je les en feray mentir en bonne compagnie. C'est de la monnaye que certaine canaille de gens qu'il y a à Marseille payent ceux qui ont bien et fidèlement servi et qui n'ont autre blâme que d'avoir été trop gens de bien. Et

---

(1) La peste était alors à Marseille, et c'est à cause de cela qu'on n'avait pas voulu recevoir les bâtiments dont parle M. de Servian.

(2) On voit que la haine allumée contre Sanson Napollon s'étendait à tous les agents du Bastion qui étaient calomniés et menacés à Marseille, où un gros parti s'était formé pour chercher à amener la ruine des établissements d'Afrique.

quoique vos actions soyent tousjours été saintes et justes, et que vous ayez exposé vos vies à mille sortes de périls, et d'où la mémoire ne s'en perdra jamais des services insignes que vous avez rendu à votre patrie en l'honneur de l'exercice de vos charges, vous serez aussi bien mesurés de l'aune de leur passion comme les autres. Mais tout cela ne sont que des couronnes de gloire pour ceux qui ont leur conscience nette. Le temps le fera mieux connaitre par des effets que je ne le sçauray dire par paroles. Je vous conjureray de croire que la vie me manquera plutôt que l'affection que j'ay de servir le général et le particulier de vos personnes; faites naistre, s'il vous plaît, les occasions, et rendez-moi digne de l'honneur de vos commandements. Vous me trouverez aussi prompt à les exécuter, que j'ay de désir d'être toute ma vie, Messieurs, Votre très-humble et très-affectionné serviteur.

» Lazarin de Servian. »

Lettre de M. Nicollin Ricou à MM. les Consuls, Gouverneurs et Protecteurs de la ville de Marseille.

Alger, le 21 octobre 1630.

« Messieurs,

» Après avoir prié le Créateur qu'il vous ait conservé la grâce, vous diray que je n'ay manqué à vous écrire par toutes les commodités, ayant plus de six mois que n'ay receu aucune vostre par les mêmes. Je vous ay prié de tascher de m'oster d'ici puisque je ne peux avoir justice avec ces Messieurs ici; car avec ceux que nous avons affaire, sont nos juges. Il y a dix ou douze jours qu'ont amené un vaisseau de Saint-Malo avec ses gens. Le chargement est estimé à plus de cent mille écus, n'ayant ledit vaisseau point combattu; ayant remontré à ces Messieurs qu'ils me devoient retourner ledit vaisseau et l'équipage suivant le traité de paix. Mais tout ce que nous avons pu avancer, n'est que d'avoir eu la liberté des gens seulement ; de plus, ont amené un vaisseau de Dieppe et sa conserve mise au fond après l'avoir saccagée, étant estimée ladite prise à plus de cent mille écus ; ayant ledit vaisseau tiré quelques coups de canon depuis après que les corsaires eurent commencé. Ayant remontré à ces Messieurs tout ce que se pouvoit, enfin furent déclarés tous de bonne prise, et les gens esclaves. De plus, ont pris un vaisseau Flaman chargé pour compte d'un Francois (1), ayant été estimé à trente mille écus ; de plus, out rencontré plusieurs vaisseaux Francois, et, à coups de batons leur fesoient dire que la marchandise étoit d'Espagnols, ayant été estimée à plus de cent cinquante mille écus qu'ils ont pris ; de plus, deux galères de cette ville ont amenés deux barques, une poutargue et une tartane ; le tout a été perdu, fors les gens et barques. Je ne sais plus que vous dire en tout ce négoce, puisqu'il ne faut rien espérer d'avoir aucune sorte de justice de ces gens, depuis que tiennent des gages en ce pays, qu'est le Bastion et le sieur Sanson Napollon et moy aussi. M'ayant demandé de faire venir les Turcs qui sont dans les galères (2) ; je ne sais comme le tout passera, vous protestant, Messieurs, de tout ce que me peut arriver, à faute que vous ne me leviez d'ici, puisque vous y êtes obligés. Cependant vous plaira que je me dise, Messieurs. Votre très-humble et obéissant serviteur.

» N. Ricou. »

On se rappelle que, dans le *Contrat passé avec le Divan et le*

---

(1) Ce que ne dit pas M. Ricou, c'est que les négociants Espagnols, pour sauver leurs marchandises de l'atteinte des Algériens, mettaient leurs bâtiments sous pavillon Français, et en confiaient la conduite à des officiers mariniers Languedociens ou Provençaux. Cette sorte de fraude était formellement interdite par les traités ; mais il était difficile de l'empêcher.

(2) Avant de faire droit aux réclamations du consul, les Algériens demandaient avec raison qu'on leur rendît ceux de leurs nationaux qui avaient été enlevés en pleine paix par le chevalier de Razilly et qui étaient enchaînés depuis ce moment aux bancs de la chiourme.

Consul général d'Alger pour le rétablissement du Bastion et ses dépendances (1), à la date du 29 septembre 1628, il avait été stipulé que le gouvernement des Concessions appartiendrait à Sanson Napollon pendant toute sa vie, *sans que le Roi pût en mettre aucun autre.* Les ennemis du capitaine crurent trouver là un moyen assuré de le perdre, et cette clause, à laquelle on ne paraît pas avoir tout d'abord prêté une grande attention, fut remise sous les yeux du Cardinal de Richelieu. Celui-ci, dont le génie centralisateur était en méfiance de tout ce qui lui semblait être une atteinte aux prérogatives Royales, déclara que le Traité de 1628 était un *Acte Diplomatique indigne du Roy de France* (2). Il fit décider par le Conseil que des modifications y seraient apportées et qu'on ferait partir pour les Établissements de Barbarie un envoyé du Roi, chargé, entre autres missions, de s'assurer de la fidélité du gouverneur et des troupes placées sous ses ordres. La mesure pouvait paraître d'autant plus urgente, que les calomniateurs de Sanson l'accusaient de vouloir se rendre indépendant, et de s'être vanté de tenir le Bastion du Divan d'Alger et non du Roi de France.

Le 8 octobre 1631, M. de l'Isle (3) reçut sa commission et partit quelques jours après, porteur de deux lettres adressées au Capitaine par Louis XIII et par le Cardinal de Richelieu (4). Il arriva au Bastion le 11 avril 1632, visita avec le plus grand soin

---

(1) Du traité du Turc avec les Princes Chrétiens (Manuscrit de la bibliothèque nationale).

(2) Documents inédits, Correspondance de Sourdis.

(3) Philippe d'Estampes, Seigneur de l'Isle-Antry, Lamotte, Vouzeron, Orsay ; Gentilhomme de la Chambre du Roy.

(4) Les deux lettres sont datées du 9 octobre 1631. Celle du Roi contient le passage suivant : « *Je vous ay bien voulu faire cette lettre,* » *qui vous sera rendue par le sieur de l'Isle, pour vous dire que vous* » *ayez à le recevoir dans ledit Bastion, et l'assister par delà de tout ce* » *qui pourra dépendre de vous, le considérant comme un gentilhomme en* » *qui j'ay toute confiance, à quoy m'assurant que vous satisferez, je ne* » *vous feray celle-cy plus longue, que pour prier Dieu, Monsieur, etc.* » Celle du Cardinal recommande M. de l'Isle « *comme une personne qu'il affectionne particulièrement.* » (Collection Brienne, manuscrits de la bibliothèque nationale. Vol. LXXVIII.)

les forteresses récemment construites ou réparées, les magasins et la flotille; il se fit rendre les comptes, et, son enquête terminée, se déclara *entièrement satisfait sur tout ce qui peut regarder le service du Roy* (1).

Le 29 avril, il réunit la garnison et lui fit prêter le serment de fidélité; après cette cérémonie, il investit solennellement Sanson Napollon, en lui remettant publiquement sa Commission de Gouverneur Royal, *scellée du Grand Sceau, en date de Monceaux, du* 29 *août* 1631. Ce fut une grande déception pour les injustes haines qui persécutaient cet homme de bien, cet excellent serviteur de la France; il se sentit fortifié et raffermi dans sa position au sortir de cette épreuve, et les lettres adressées par lui à cette époque au Roi et au Cardinal (2) se ressentent de la légitime satisfaction qu'éprouve celui qui vient de confondre ses calomniateurs.

Nous avons déjà dit, que pendant que ces événements s'accomplissaient, le capitaine Ricou s'était enfui d'Alger, laissant pour lui succéder Blanchard, qui chercha à s'attirer par des présents l'amitié du vieux Pacha Younès. Il y parvint facilement; mais il indisposa par cela-même contre lui les chefs de la milice et de la Taïffe, et il se vit insulté en plein Divan (3), sans que son protecteur fit la moindre démarche en sa faveur. Il s'en plaignit aigrement, et se refusa à continuer ses fonctions, tant qu'on ne lui aurait pas fait justice de l'affront reçu : pour toute ré–

(1) Collection Brienne. (Loc. cit.)

(2) « A tout moins aura recogneu (M. de l'Isle) ce qui est de mes » bonnes volontés ; sa vertu et son bel esprit lui auront faict con- » naistre et faict comprendre tout ce qui est du Bastion et de ses dé- » pendances ; de quoy il en fera un rapport à Votre Éminence et de » tout le reste des affaires de Barbarie ; et, parceque Votre Éminence » recevra plus de satisfaction de son rapport que je ne lui en pourray » donner par une lettre, je m'en remets à lui ;.... n'ayant aucun » désir que de servir le Roy, à cette fin qu'il se parle de son nom en » ce pays de Barbarie, et que cela apporte à ses sujets du bénéfice ; » et, si j'ay le commandement de poursuivre le dessein que je jugeray » pouvoir réussir, pour le bien de son service, je le feray, etc. » (Lettre du 26 avril 1632, Collection Brienne. Loc. cit.)

(3) Voir la lettre de M. Blanchard, du 20 novembre 1631.

ponse, il fut mis aux fers. On ne comprend guère comment cet homme, intelligent d'ailleurs, et qui habitait Alger depuis assez longtemps pour apprécier sainement la situation, ait pu croire un seul instant qu'il verrait venir à son aide, au risque de compromettre sa position et sa vie elle-même, un malheureux souverain, qui ne régnait et qui n'existait que grâce à la tolérance de Sidi-Hamouda et des principaux d'Alger. On ne le garda, du reste, en prison que 24 heures, et il reprit de lui-même l'exercice du Consulat.

Cependant, le Divan ne cessait de réclamer la libération des équipages Turcs enlevés indûment par M. de Razilly et mis *en galères*. Voyant qu'on ne prêtait aucune attention à ses justes plaintes (1), il avait séquestré les marchandises françaises et mis *l'embargo* sur les personnes, jusqu'à ce qu'il eût obtenu la satisfaction demandée. Dans ses lettres, adressées au roi et au cardinal de Richelieu (2), Sanson Napollon avait vivement conseillé de hâter cette restitution ; mais il se présentait de grandes difficultés. Le Général des galères demandait cent écus par tête de chacun des forçats qu'il aurait à délivrer, et personne ne se chargeait de ce paiement ; de plus, il refusait absolument de relaxer cinq ou six renégats qui faisaient partie des équipages capturés, se retranchant derrière des raisons de conscience. Or, c'était justement ceux-là que les Turcs réclamaient avec plus d'insistance, sachant bien le sort qui les attendait en chré-

---

(1) Ces plaintes étaient justes, parce que le vaisseau de Mamet Oge et sa conserve avaient été pris en pleine paix et sans aucun droit ; les Français avaient les premiers violé le traité de 1628, et soumis à la plus dure des captivités des nationaux d'Alger, au moment même où il ne restait dans le pays que *deux* détenus Français, qu'on cherchait activement pour les rendre (lettre de Sanson Napollon du 5 septembre 1629). Un an après, il y en avait *cent cinquante*, et deux ans plus tard, *plus de deux mille !* C'est ainsi que se trouva vérifiée la prédiction du gouverneur du Bastion : « S'ils perdent cent hommes, en recouvrent mille personnes. » (Lettre du 9 mars 1629.)

(2) Les deux lettres sont datées du Bastion, 26 avril 1632 (collection Brienne, déjà citée).

tienté (1). A tout cela venait s'ajouter la mauvaise volonté des capitaines de galères, fort peu soucieux de voir amoindrir leurs forces, et désorganiser un équipage qui leur avait coûté tant de soins (2). Rien ne se faisait donc; les Algériens attribuaient toutes ces lenteurs à une mauvaise foi manifeste, excités qu'ils étaient, d'ailleurs, par ceux qui convoitaient les Établissements français (3), et par les doléances journalières des familles des victimes. De leur côté, les marchands et les marins détenus à Alger s'y trouvaient dans un état fort misérable. S'ils eussent été esclaves, leur maître eût pourvu, tant bien que mal, à leur

---

(1) « .....Les deniers que le sieur Général prétend de retirer à » raison de cent écus pour chacun. Il ferait difficulté de rendre les » Reniés, desquels les Turcs font plus de cas, pour être dans leur » loy et protection, et lesquels ont beaucoup de crédit par toute la » Turquie et exercent les plus grandes charges. Il me semble que » ce n'est pas un sujet qui mérite qu'on s'y arrête, et que, pour cinq » ou six Reniés qui sont déjà perdus, laisser périr cent cinquante » Francois qui sont en danger, et beaucoup d'autres qui peuvent » tomber entre leurs mains... le plus tost qui se pourra sera pour » le bénéfice des sujets de Votre Majesté, etc. » (Lettre de Sanson Napollon au Roy, du 26 avril 1632. — Collection Brienne, loc. cit.)

(2) Nous verrons le même fait se reproduire toutes les fois qu'il sera question de libération d'esclaves. Pour bien se rendre compte de la vérité, il faut savoir combien de temps et de travail coûtait l'organisation d'une bonne chiourme. M. l'amiral Jurien de la Gravière, dans les belles études qu'il publie en ce moment sur *la Marine des anciens*, fait remarquer combien il est difficile de former une bonne équipe pour une simple chaloupe, et combien il l'était davantage d'atteindre la perfection nécessaire à la bonne marche d'une galère. Il fallait choisir les hommes un à un, les classer selon leurs aptitudes physiques au poste qu'ils devaient occuper, les habituer à *voguer* ensemble en équilibrant les forces de façon à obtenir le maximum de vitesse sans épuiser son monde. Ce résultat ne pouvait être obtenu que par un accord parfait et constant. Si un seul des rameurs venait à manquer ou à faiblir, cet accord était rompu. Qu'on juge après cela avec quels sentiments les capitaines se voyaient enlever la fleur de leurs chiourmes qu'ils étaient forcés de remplacer par quelques vagabonds, incapables de supporter la mer et la dure existence du bord !

(3) Les Anglais et les Génois : depuis le commencement du XVIIe siècle, ils ne cessèrent d'intriguer pour se faire donner les Concessions.

nourriture ; n'appartenant à personne, et privés de ressources par le séquestre, ils étaient réduits à vivre d'aumônes (1), et, malgré le bas prix de toutes les denrées alimentaires (2), avaient beaucoup à souffrir (3). Il est donc aisé de comprendre que leur plus grand désir fut de s'échapper de la demi-captivité à laquelle ils étaient astreints ; rien de plus légitime que ces tentatives ; mais un agent consulaire n'eût jamais dû y prêter les mains ; son devoir professionnel lui interdisait toute immixtion de ce genre. Ce fut pourtant ce que fit Blanchard, et quelques évasions eurent lieu, grâce à sa complicité. Il eût été aisé d'en prévoir le résultat, qui ne se fit pas attendre. Le vice-consul fut arrêté de nouveau et mis au bagne ; il en fut de même des résidents français, qu'on s'était contenté, jusque-là, d'interner dans Alger, et qui furent mis aux fers et envoyés au dur travail des carrières. Les Turcs considérèrent tout cela comme une preuve certaine qu'on ne leur rendrait jamais ceux de leurs compatriotes qui se trouvaient détenus sur les galères royales, et le traité fut rompu de fait. Les bâtiments de commerce et les personnes furent déclarés de bonne prise, et les corsaires vinrent enlever du monde jusque sur les côtes de Provence. La fuite intempestive d'une douzaine de prisonniers coûta la liberté à plus de deux mille personnes (4). Au lieu d'attribuer son malheur à ses véritables causes, Blanchard continua à en accuser Sanson

---

(1) Les Turcs d'Alger étaient charitables pour les esclaves : cela nous est affirmé par d'Aranda et René des Boys, qui y furent tous deux captifs pendant quelque temps.

(2) D'après le père Dan, qui vint à Alger en 1636, la livre de mouton coûtait un sol ; celle de bœuf, huit deniers ; une poule se vendait deux sous, et un lièvre trois ou quatre. Quant au pain, dit-il, il est à si bon compte qu'on n'en saurait manger pour plus de huit deniers par jour (*Histoire de Barbarie et de ses corsaires*, Paris, 1637, p. 90).

(3) Malgré les aumônes des Turcs, et les fondations pieuses des ordres religieux de la Trinité et de la Mercy, le nécessaire manquait souvent à ces malheureux ; car le nombre de ceux qui avaient recours à la charité était immense, et les ressources assez faibles. On évalue à vingt-cinq mille le nombre de captifs que renfermait alors Alger. La plupart étaient Espagnols ou Italiens.

(4) Voir la lettre du 26 juin 1633.

Napollon ; à le croire, ce fut lui qui invita le Divan à le faire mettre au bagne avec les autres Français ; cette accusation est entièrement dénuée de sens : il est impossible de voir quel intérêt aurait eu le Gouverneur du Bastion à se déshonorer par une démarche aussi odieuse, et aussi peu conforme à ce que nous connaissons de son caractère ; il eût, de ce coup, perdu tout crédit dans l'esprit des Turcs eux-mêmes, sans parler de la grave responsabilité qui lui eût incombée lors de son retour en France. Du reste, la lecture seule des lettres du vice-consul montre combien son esprit, déjà aigri par les déceptions, était égaré par la haine ; il suffit, pour s'en rendre compte, de l'entendre nous dire (1) que le capitaine envoya l'ordre au gardien du bagne *de lui couper les moustaches et de les lui envoyer au Bastion, pliées dans un papier ;* qu'il fit inviter le même gardien *à lui donner des coups de bâton sur la tête ;* enfin, qu'il envoya le sieur Jacques Massey, agent du Bastion, à Alger, voir quelle figure il faisait *sans moustaches*, et que ce dernier *ne put s'empêcher de sourire* (2).

Pendant ce temps, Sanson, tout en s'efforçant de pacifier les esprits à Alger, ne cessait de réclamer les forçats Turcs à la Cour de France ; on lui avait assuré qu'ils seraient délivrés, et il lui avait été ordonné de se rendre en personne auprès du Roi, qui voulait lui donner des ordres confidentiels au sujet des modifications urgentes à apporter au traité de 1628. Deux motifs retardaient le départ du Gouverneur : il estimait que la situation était bien tendue en ce moment pour introduire des rectifications de ce genre ; d'un autre côté, il voyait les Gênois de Tabarque (3) s'efforcer de nuire aux établissements français

(1) Voir la lettre du 28 mars 1632.

(2) Est-il probable qu'un homme tel que Sanson Napollon se soit amusé à des puérilités semblables? La vérité est, à ce que nous croyons, que Blanchard s'attira ce traitement par son arrogance ; nous savons, par maints auteurs, que les Turcs avaient coutume de le faire subir à ceux des captifs qui se montraient indisciplinés.

(3) L'île de Tabarque appartenait depuis 1543 aux Lomellini de Gênes, qui l'avaient reçue comme rançon du célèbre corsaire Dragut. Ils l'avaient fortifiée et y entretenaient une garnison de 200 hommes,

par tous les moyens possibles, et il eût désiré se débarrasser de ces incommodes voisins avant de commencer un voyage dont nul ne pouvait prévoir la durée. Il voulait en finir avec eux, en avait sollicité l'ordre depuis longtemps (1), et venait très probablement de le recevoir (2) lorsqu'il partit pour cette expédition qui devait lui coûter la vie.

Il avait résolu de s'emparer de l'île par un coup de surprise ; à cet effet, il noua des intelligences avec un Génois, faisant office de boulanger dans le fort qui défendait la concession des Lomellini ; cet homme, gagné à prix d'argent, promit d'ouvrir les portes au premier signal et de faciliter l'entrée. Les garnisons réunies du Bastion et de La Calle fournirent un contingent à peu près égal à celui dont pouvait disposer l'ennemi, et le départ eut lieu le 11 mai 1633. Le gouverneur avait confié la garde du Bastion à son lieutenant, François d'Arvieux (3) ; celui-ci avait cherché à le dissuader de l'entreprise, qu'il estimait trop hasardeuse ; il ne put malheureusement pas y parvenir (4).

La petite flotille arriva à la nuit noire, ainsi que cela avait été arrêté, et fit le signal convenu : le débarquement eut lieu sans encombre, et les assaillants marchèrent vers le château. Arrivés aux palissades du fossé, ils purent s'apercevoir que l'espion les

---

et des équipages pour la pêche du corail, dont ils avaient, pour ainsi dire, le monopole, avant l'arrivée des Français sur la côte.

(1) Voir la lettre au cardinal de Richelieu, du 25 avril 1632 (déjà citée).

(2) Bien que nous n'ayons aucune preuve écrite que Sanson eût reçu la permission d'attaquer Tabarque, il nous paraît peu croyable qu'il se fût risqué à le faire sans l'assentiment du Roi. Un fait vient confirmer notre opinion : c'est que la *Gazette de France*, qui était le *Journal officiel* de l'époque, raconta sa mort et les circonstances qui y avaient donné lieu, sans ajouter à son récit le moindre mot de blâme ou de désaveu, ce qu'elle n'eût sans doute pas manqué de faire, si le capitaine eût agi sans ordres (*Gazette* 1633, p. 235).

(3) C'était un des oncles du chevalier d'Arvieux, qui fut plus tard consul à Alger, et qui a laissé des mémoires fort intéressants.

(4) Le capitaine Sanson Napollon était d'origine corse, et, en cette qualité, nourrissait contre les Génois une haine héréditaire ; ce fut peut-être une des causes qui le rendirent moins circonspect en cette occasion qu'il n'avait l'habitude de l'être.

avait trahis eux-mêmes ; car ils furent reçus par un feu terrible, qui en coucha à terre un bon nombre, et se virent chargés par les Génois avec une telle furie, que les survivants, presque tous blessés, eurent grand'peine à regagner leurs navires. Sanson Napollon, qui marchait à la tête de sa troupe, avait été frappé l'un des premiers ; il était tombé, le front fracassé par une balle, non toutefois sans avoir tué deux hommes de sa propre main (1).

La nouvelle de cette fin tragique et prématurée ne tarda pas à se répandre et fut accueillie avec des sentiments divers ; la Cour de France s'affligea de la perte d'un bon et fidèle serviteur et s'occupa de combler le vide que laissait sa mort : les Turcs d'Alger y virent une sorte de fatalité qui les privait des dernières espérances qu'ils avaient pu concevoir pour la conservation de la paix. Quant à Blanchard, qui était encore au bagne, et qui y mourut probablement (2), il ne craignit pas d'afficher une joie cruelle en apprenant le sort de celui qu'il considérait comme son ennemi ; sa lettre du 26 juin 1633, adressée aux magistrats de Marseille, donne la mesure de ce caractère haineux et vindicatif ; c'est à ce titre que nous la publions, ainsi que celles qui font allusion aux faits racontés plus haut.

Lettre de M. Blanchard à MM. les Consuls, Gouverneurs, Protecteurs et Défenseurs de la cité de Marseille.

Alger, le 20 novembre 1631.

« MESSIEURS,

» Après vous avoir félicité et prié tout ensemble que Dieu vous

(1) On lit dans la *Gazette de France*, année 1633, p. 235 : « La garnison du château de Tabarque, qui est aux Génois, s'étant imaginée que le capitaine Sanson, gouverneur du Bastion de France, avait quelque entreprise sur cette place, le tuèrent d'une mousquetade en la tête ; il se défendit toutefois bravement, en ayant couché deux sur la place de deux coups de pistolet. Le Roy, averti de sa mort, envoye un autre gouverneur en sa place. » (Sous la rubrique : *Marseille, le* 26 *may* 1633).

(2) En tout cas, à partir du mois de juillet 1633, on perd complétement sa trace.

laisse jouir en bonheur le cours de votre charge, me semblerois être ingrat à ma patrie si je ne vous fesois savoir en quel état sommes en ce maudit pays, et vous dire ce que s'est passé depuis avoir écrit à Messieurs vos devanciers, lesquels n'ont tenu compte des missives que leur ay envoyé, suivant le peu de compte que ont tenu de me faire réponse pour ne s'engager par lettres, suivant que j'ay appris ; ni moins répondu à celles que le Divan et Bassa lui a écrit au temps que le Divan m'avoit élu pour procureur pour les Francois, auquel j'ay vaqué l'espace de sept mois avec toute sorte d'amour et d'affection ; où, durant ledit temps, j'ay fait relaxer cent et cinq hommes et envoyé tous hors, excepté vingt et deux qu'ils sont encore ici, où ne seroient plus ici, mais les fureurs journalières de M. Jacques Santo (1), agent de M. Sanson de Napollon l'a empeché, non pas une fois seule, mais ca été par trois fois, comme vous reciteray sur la fin de la mienne. Outre les cent et cinq hommes qu'il m'a été relaxé, m'a été relaxé aussi un vaisseau ; vray est qu'étoit innavigable ; que le nous a fallu vendre pour rompre, pour ne pouvoir naviguer avec iceluy ; et en avons acheté la barque que j'envoyay à Marseille avec quarante desdits Francois, lesquels, au lieu de s'en aller audit Marseille, se sont allés en Barcelone, comme, je crois, aurez appris. De plus, m'a été relaxé la barque et gens de patron Honoré Nègre dudit Marseille ; de plus, la barque de patron Jehan Fabre avec deux hommes, et s'en est allé à Valence en Espagne ; et un londre (2), que nous ont donné à la place d'une tartane, donnée à patron Noel Goureu de Martigues avec deux hommes, plus le capitaine Jacques Reyton avec son équipage, le capitaine Guillaume Golet et son équipage, le capitaine Jehan Guillet et son équipage, le capitaine Jehan Bourget et son équipage, et le capitaine Jehan Dechance et son équipage ; plus l'équipage d'un vaisseau que le capitaine s'enfuit avec M. Ricou (3) ; tout cela m'a fallu retirer et nourrir dans ma maison ; le

(1) C'est Jacques Massey, dit Santo, représentant du Bastion à Alger.

(2) Londre pour lougre, petit bâtiment.

(3) On voit par ce passage que M. Ricou, las de demander inutilement son rappel, s'était décidé à se sauver.

tout fait les cent et cinq hommes lesquels j'ay nourris du mien, sans les frais des expéditions, tant de la barque de Valence et celle de Barcelone. En quoy je vous jure avec vérité que j'en ay eu de l'intérêt de plus de trois cent cinquante pièces de huit (1), sans avoir eu aucune récompense de vos dits devanciers, ni de me voir assister d'un sol. Du depuis vinrent les galères de la course (2), ou prirent la barque *Saint-Antoine* d'Arles et la barque *Saint-Francois* de Marseille, et saccagèrent trois barques de Provence et enlevèrent aussi un patron de Saint-Tropez, nommé Jehan Maille, et un garcon du Martigues nommé Jaume Antoine et les apportèrent ici, ou étant arrivés avec lesdites deux barques, sitôt étant arrivées, je me présentai à la douane, faisant demander tant desdites barques, facultés, et gens ; où se présenta par contre Mamet Bey, capitaine des galères, capitaine Rabagy, et le capitaine Aly Pichinin (3), capitaines aussi des galères, ou représentèrent que lesdites barques s'étoient combattues ; moy, défendant par contre que c'étoit la faute à eux ; voyant que je persistois, ledit Mamet Bey, capitaine de galères, accommenca me dire *traître* en présence de l'Aga et autres ministres, et firent ordonner que lesdites barques seroient de bonne prise ; et pour regard du patron de Saint-Tropez ne seroit relaxé, et, pour le garcon, firent venir un faux témoin, esclave dudit Mamed Bey, enfant de Ligourne, lequel déposa que ledit garcon étoit Ligournois ; outre que je me soumis vérifier le contraire, comme étoit natif du Martigues, pour cela ne s'arrêtèrent pas d'ordonner que ledit garcon seroit vendu, ce qu'a été, ou ledit Ali Pichinin l'a retenu pour lui. Du depuis, est arrivé un brigantin avec une tartane de la Ciotat, de celles que les galères avoient saccagé,

(1) Pièces de huit réaux ; la pièce de huit valant deux livres et huit sols, monnaie de France.

(2) Depuis les croisières que les nations chrétiennes s'étaient enfin décidées à diriger contre les corsaires barbaresques, ceux-ci, rendus prudents par l'expérience, ne sortaient plus que tous à la fois et à des époques déterminées ; il y avait en général, chaque année, deux sorties : l'une vers la fin de février, l'autre vers le milieu du mois d'août. La course ne durait jamais plus de cinquante jours.

(3) Ibrahim Arabadji et le Piccinino.

dans laquelle avoient pris ledit garcon du Martigues, laquelle venoit d'Alicante, chargée d'espars, ou l'accusèrent faussement que s'étoit combattu ; où les firent vendre avec toutes les gens, par ce que me fut défendu de la douane de ne me présenter plus pour les Francois par la douane ni devant eux. Du depuis, les vaisseaux qu'étoient pour lors en course, lesquels apportèrent cinq vaisseaux avec leurs équipages, ou personne ne se présenta pour parler pour eux, que fut cause que le 18e août dernier, le Bassa m'envoya quérir pour me faire Consul, ce que je refusay, y étant présent ledit Mamet Bey, lequel se trouva avec ledit Bassa ; ou ledit Bassa accommenca me dire pourquoy je ne voulois être Consul. Je lui répondis parce que ledit Aga m'avoit défendu de parler plus pour les Francois, outre ce que j'avois été méprisé par ledit Mamet Bey en présence dudit Aga et autres ministres et que m'avoient dit que j'étois un traitre, et de plus ledit Bassa avoit fait vendre une barque de la Ciotat avec toutes ses gens et un vaisseau de Ponant sans s'être combattu, le tout avec de fausses impostures; et que, depuis qu'ils avoient commencé de vendre, qu'ils continuassent de long. Cela fut cause, voyant que je ne le flattois point à lui remontrer ses manquements, il me fit mettre en prison ou j'y ay demeuré vingt quatre heures et pour lors firent ordonner que l'équipage desdits vaisseaux, sans celui qui avoit été vendu, seroient mis en séquestre entre les mains dudit Bassa, jusques à temps que vinssent les Turcs que sont en France ; où, de ces gens le Bassa en prit six garcons, et en fit tailler (1) trois par force. Du depuis, est venu une galère de Levant, laquelle a porté le nouveau Bassa, (2) ou le Bassa vieux, n'ayant d'argent pour la paye aux soldats, a vendu un desdits garcons taillés ; et venant à ma notice, j'ay envoyé sous main notre Chancelier pour parler à l'Aga, lui représenter que ledit garcon n'étoit point esclave, que ledit Bassa ne le pouvoit vendre, attendu que n'étoit que séquestré ; en outre se

---

(1) La suite de la lettre indique que *tailler* doit prendre ici le sens de *circoncire*.

(2) Hossein, qui succédait à Younès : c'était la cinquième fois qu'il était fait Pacha d'Alger.

firent présenter lesdits garcons, ou déclarèrent qu'étoient Chrestiens et que par force les avoient taillés. La douane alors ordonna que lesdits garcons ne seroient point rendus, et que depuis qu'étoient taillés étoient Turcs. Du depuis, est arrivé autre troupe de vaisseaux, où y étoit le capitaine Gascon, renié Francois, lesquels ont apporté deux vaisseaux de Ponant, un desdits chargé de tables et fers et l'autre chargé de moulues (1) pour Marseille, sous l'adresse de M. André Borrelly avec leurs équipages non à compliment ; car toutes les gens dudit vaisseau des moulues ne sont pas tous venus encore ; ou le Divan n'a pas encore résolu ce que en voudront faire. Je vous réciteray, Messieurs, comme le sieur Jacques Santo par trois fois a levé la liberté de ces pauvres Francois. Messieurs, vous plaira d'entendre comme Monsieur Sanson de Napollon, avant que partit du Bastion, a écrit une lettre adressante à l'Aga, maître de la milice, laquelle lettre me fut présentée pour la lire par l'Ecrivain de la douane pour lui dire en Italien ce que portoit ladite lettre, pour icelle translater en Turquesque, pour la présenter devant le Divan et en faire lecture ; laquelle lettre disoit qu'il falloit que le sieur Sanson de Napollon s'en allat en France pour donner raison du temps qu'avoit demeuré de par deça, et qu'il laissait un capitaine à son lieu au Bastion, lequel supplioit Messieurs du Divan le vouloir favori comme l'avoient favori lui, et qu'il apporteroit les Turcs qui sont en France. Ledit Santo, voyant que ledit sieur Sanson s'est engagé par lettres de faire venir les Turcs, quand le Divan a donné la permission que tous les Francois s'embarqueroient par toute voye, ledit Santo, sachant lesdites nouvelles, ne manqua à travailler à lui faire lever la permission, ce qu'il a fait que cela ne soit ; la dernière fois, qu'a été le 15e du mois d'août dernier, fut ordonné que lesdits Francois s'embarqueroient par toute voye ; ou je fesois état d'embarquer la moitié sur patron Jehan Longis et l'autre moitié sur une barque de Barcelone d'un mien ami qui étoit logé dans ma maison, où m'avoit promis les charger, comme vous pourront réciter ledit patron Longis et et Honoré Geoffroy, pilote dudit Longis ; où le même jour me

(1) *Moulues* pour *Morues*.

vient trouver le Trucheman, me venant déclarer comme la douane avait levé la licence; que aucuns Francois ne s'en iroient que les Turcs ne vinssent de France; alors je demanday audit Trucheman qui pouvoit être cause de cet empêchement, et déclara en présence de gens que m'étoient venus voir que c'étoit ledit Santo, agent de Monsieur de Napollon; voilà qui est cause de douze garcons que se sont reniés, sans ceux que se peuvent renier à l'advenir; pour la peur qu'il a que, ne venant les Turcs, le Divan ne lui fasse payer au Bastion, avec le vaisseau qu'a été pris par les galères de Florence.

» Messieurs, vous autres pourrez juger les beaux exploits, et les coups de pieds que se donnent en ce pays par de gens qui se disent Chrestiens et les vendent. Messieurs, je vous supplie très-humblement avoir commisération de cent trente Francois qui sont détenus en ce pays, qu'il vaudroit plus qu'ils fussent vendus que non pas être comme sont. Car je vous jure qu'ils meurent de faim; en étant vendus, son patron lui donneroit de quoy vivre; lesquels, tant eux que moy, prierons Dieu pour votre prospérité; vous suppliant me permettre que je me puisse dire jusques au tombeau, Messieurs, — Votre très-humble et très-obéissant serviteur et bon patriote.

» BLANCHARD. »

Messieurs, je vous supplie lire la présente en secret; et vous seriez de l'avis, parce que ne se dit rien dans votre Maison Commune qu'il ne se rapporte tout en cette ville.

Suis je et seray jusqu'au tombeau, etc.

Sommes au 20e novembre 1631 et le dix-huitième dudit est arrivé les quatre galères de cette ville, où n'ont pris rien que deux londres de Catalogne sans aucuns dedans. J'ay écrit à Monseigneur l'Ambassadeur en Constantinople et donne avis en quel état sont les affaires ici.

Votre, etc.....

Lettre de M. Sanson Napollon à MM. les Consuls et Gouverneurs de la ville de Marseille.

Du Bastion, le 15 février 1632.

« MESSIEURS,

» J'ai receu la lettre qu'il vous a plu m'écrire le mois de novembre dernier, par laquelle vous me dites de vous envoyer de blés, de quoy la ville de Marseille s'y trouve en nécessité. J'ay tousjours rendu tous les services que j'ay pu pour le bien de ladite ville, et de plusieurs particuliers. Je feray encore davantage à votre considération pour le sujet de vos mérites et de ce que je suis votre serviteur ; il y a trois ans que j'ay tousjours mandé tout le blé que j'ai pu pour secourir ladite ville, et continueray tousjours de très-bon cœur. Il n'a que huit jours que j'ay ouvert le chemin avec les Mores ; sont commencés d'en apporter et aussitôt j'ay chargé la barque du patron Tarsy de Toulon pour la conduire à Marseille ; et maintenant j'ay expédié le *Dragon*. Messieurs, les Consuls de la ville d'Aix ont demandé mille charges ; je serois bien votre obligé de faire, qu'eux en en ayant du besoin, de vous vouloir contenter qu'ils eussent une portion du blé qu'il porte ledit *Dragon*, et ne tarderay pas de vous en envoyer d'autre, et vous assure que ma vie et mon bien s'employe tousjours très-volontiers pour servir la communauté de Marseille en lequel et en votre particulier me ferez faveur très-agréable de me commander, et seray tousjours tout le temps de ma vie, Messieurs, — Votre très-humble et très-obéissant serviteur (1).

» SANSON DE NAPOLLON. »

---

(1) Cette lettre montre quelle extension avait pris le commerce des Établissements, fondés depuis trois ans à peine, et quelles ressources précieuses ils offraient au Midi de la France, si souvent en proie à la famine. On eut souvent à regretter l'abandon dans lequel on laissa, par la suite, ce *grenier d'abondance* à une époque, où, en cas de disette, aucun pays voisin n'offrait de ressources alimentaires.

Lettre de M. Blanchard à M. de Montholieu, premier Consul et Capitaine de galère à Marseille.

Alger, le 28 mars 1632.

« MONSIEUR,

» Me seroit mal séant, ayant écrit au général, de ne vous écrire en particulier de ce que se passe de par deçà, tant du mauvais traitement que recoivent les intérêts de Sa Majesté comme de toutes tyrannies que se font journellement en ce pays, comme encore les vengeances journalières que sont exécutées par le sieur Jacques Massey, dit Santo (1), agent du sieur Sanson de Napollon, sur les avis que présente journellement au Bassa. Même vous réciteray comme dernièrement sont fuis de cette ville cinq esclaves lesquels sont le sieur Lyonnet Mouton, son fils, patron Gaspard Pachin, Jean Amioll, tous de Marseille, et un nommé Pidoro Roguin, de la Ciotat, lesquels, on suppose, se sont enfuis avec une barque que le patron est de la Ciotat, laquelle en alla de cette ville. Un homme nommé Réné Barbin, sieur de la Touche, qui étoit venu en cette ville par ordre de Monsieur Sanson de Napollon ayant procuré de lui apporter des lettres au Bassa, portant ordre, suivant ce que m'a écrit ledit sieur Sanson, de redemander tous les Francois que sont dans ce baing (2) du Roy et autres que sont en dépôt. Mais il a été bien étonné que à sa venue a trouvé la plus grande partie d'iceux

---

(1) C'est celui que M. Féraud, dans son *Histoire de La Calle* (Alger, 1878, in-8°), appelle *Mussey, dit Saut* (p. 158, 159, etc.).

(2) Il est bon de faire remarquer le mot *baing*, employé ici pour *bagne*. C'est qu'en effet, à cette époque, c'était dans *le bain* qu'on enfermait les esclaves. Ces grands bâtiments, construits en maçonnerie très épaisse, et qui n'ont pas d'autre issue que la porte d'entrée, faisaient une prison très sûre et très facile à garder. Un peu plus loin, Blanchard dira : *Dans ce baing ténébreux ;* voilà bien l'étuve qu'il est nécessaire d'éclairer en plein jour. Le *bain du Roi* était situé à l'emplacement actuel de la maison Catala, à l'angle de la rue Bab-Azoun et de la place de Chartres.

enchaînés avec moy dans ledit baing et entendu les bons traitements qu'on nous a fait, fesant d'être fort étonné. Mais étois bien assuré que avant que ledit Barbin eusse parti du Bastion de France, savoit très-bien que nous étions enchaînés par l'ordre de Monsieur Sanson de Napollon, encore qu'il m'ait écrit une lettre pleine de dissimulations, retenant la vengeance dedans son cœur, assez qu'il avoit ordonné devant que écrire ladite lettre; j'ay témoins de quoy ledit Santo Massey a sollicité l'ordre qu'il avoit dudit sieur Sanson; il a si bien fait et si bien espalmé que, sous prétexte que j'avois embarqué ces Francois, qui, au lieu de s'en aller à Marseille, s'en allèrent à Barcelone, et que cela a été la cause que les Turcs qui sont aux galères de Sa Majesté ne sont point venus, ne regardant l'obstacle du vaisseau de *Notre-Dame* (1), ni de tant d'autres vaisseaux qu'ils ont pris, il prétendoit tous les jours sous ombre de cette maudite paix pour trouver de me dire. Vous diray comme le jour même que je fus mis dans le baing du Roy avec tous les autres Francois, le lendemain nous firent aller travailler à servir des macons dans une carrière après m'avoir enlevé le plus bel ornement de ma face et qui honore plus les hommes de ce monde, qui sont les moustaches, lequel après me les avoir fait tailler par des esclaves de la douane, de nuit, ont pris mes dites moustaches et pliées dans un papier pour les envoyer au Bastion audit sieur Sanson (2) pour lui montrer la rage qu'avoit été passée sur moy pour lui adoucir sa colère et lui donner ses contentements; ou étant moy au travail dans ladite carrière avec les esclaves de la douane et Francois qu'avaient été mis avec moi à la chaîne, ce chien de Jacques

---

(1) Le vaisseau *Notre-Dame de la Garde*, que les corsaires venaient de prendre, revenant de Syrie avec une riche cargaison.

(2) Cette singulière anecdote que raconte M. Blanchard prouve que l'état d'exaspération auquel il était arrivé lui faisait perdre la tête et l'avait plongé dans une sorte d'hallucination. Il serait déjà bien difficile de croire qu'un personnage du caractère de Sanson Napollon se soit abaissé jusqu'à prier les membres du Divan de faire subir une humiliation de ce genre au vice-consul français; mais le détail de l'envoi des moustaches et de la joie que son ennemi en ressent, est tellement grotesque qu'on ne peut y voir qu'un véritable accès de folie.

Santo Massey, ennemi de nature, même de notre patrie, a eu encore la hardiesse de me venir voir où je travaillois pour me voir le visage à la facon que j'étois traité, ne pouvant se tenir de se soubrire, chose que Dieu m'a donné la grâce de pouvoir supporter, pour n'avoir avec moi quelque arme pour le lever de ce monde; mais avec l'espérance de mon Dieu, son payement se pourroit trouver au meilleur de son repos. Le sieur Barbin, à son arrivée, a fait semblant d'être venu exprès pour l'élargissement des Francois qui sont en dépôt; mais sa malice passoit bien plus outre; que venant pour les affaires dudit sieur Sanson, a voulu dire qu'étoit venu pour le public et a fait obliger les capitaines, chacun pour son équipage, à vingt-six livres et demi par tête, jusques au nombre de cent trente et cinq (1), qui reviendra en tout quelques mille deux cents pièces de huit ou environ; chose la plus injuste du monde, se voulant se servir de la patte du lion pour tirer la châtaigne du feu. Je trouve qu'il fait très-bien si personne ne s'y prend garde sur telles obligations; et ne sais si devois vouloir, moy ne voulant permettre que telles sangsues eussent pied, tant que j'authoriseray les écritures du public; mais m'a bien été forcé de les authoriser, me menacant de Maître Moussa (2), celui qui fait et commande à toutes les fortifications de cette ville, que c'est lui qui m'a fait si malheureusement traiter. Je n'ay pas voulu écrire les coups de bâton que ce sont donnés sur ma tête quand le feu premier se mit sur moy; mais vous diray qui rallume les autres feux, que lui Massey fournit

(1) M. Blanchard raconte les choses à son avantage; voilà en réalité ce qui s'était passé : pendant les négociations d'échange, et au moment où les captifs étaient libres sur parole dans le logement du vice-consul, celui-ci avait eu la faiblesse de prêter les mains à une tentative d'évasion faite par quelques-uns d'entre eux ; cette infraction faillit amener une rupture complète de la part des Algériens, et ce fut alors que Sanson Napollon, pour empêcher que des faits aussi préjudiciables au maintien de la paix ne se renouvelassent, conseilla au Divan de demander caution aux capitaines qui se trouvaient dans le port.

(2) Ce *Maître Moussa* est un personnage célèbre : c'était un réfugié Andalou auquel Alger doit la construction de la plupart de ses fontaines, de ses égouts, et d'une partie de ses fortifications.

les allumettes. Pour la somme que sont obligés les vaisseaux francois et autres qui voudront sortir d'ici, ne pouvant sortir qu'ils ne payent dix pièces de huit par tête, jusqu'à temps qu'ils ayent satisfait le rachat desdits Mouton et autres que se sont enfuis ; et même, que vouloit faire obliger ces pauvres Francois de la barque Pidore Gambon, nolisée par Jehan Broguide, aussi à payer dix pièces de huit par tête avant que partir de cette ville ; que les pauvres Francois et Provencaux que sont dans les dépôts, et que fait trois mois et demi que sommes ici dans le baing au travail tous les jours, sont dans la délibération du désespoir de tuer ledit Jacques Santo, si ne fut avec l'eau de douceur je les arrose, pour ainsi faire abattre ce feu, me servant de ma patience à les remontrer tant que je le puis dire ; votre bonne assistance fera entendre ces misères et calamités à Sa Majesté qu'endurent ses sujets ; j'écris à Messieurs les Consuls, vos compagnons en général, que depuis que j'ay gâté mon bien pour le service du public, de me vouloir assister à supporter le fardeau qui m'est trop insupportable et de me faire voir par ses libéralités qu'ils me veulent aider. Je ne suis pas Consul, qui m'eut obligé de faire bien à un public et d'avoir fait ce que j'ay fait ; car ceux qui avoient les cinq cents écus de récompense tous les ans de la Maison Commune n'avoient fait tant que moi. Je sais que votre prudence me peut servir grandement envers Messieurs vos compagnons pour favoriser ma juste demande, que pourrez faire encore aussi qu'elle me sera octroyée, et qu'aurez égard sur cent et vingt Francois que j'ay fait relâcher à mes dépens et périls, qui me seroit trop long à le réciter. Mais étant assuré que vous en êtes averti bien particulièrement, me fera restreindre en ma plume pour ne vous être ennuyeux et vous supplie me permettre que je demeure tout le temps de ma vie votre obligé, après avoir prié le Créateur pour votre prospérité et à moy que je me puisse dire jusqu'au tombeau. — J'ay eu avis ce jourd'hui comme Sallé est bloqué fort étroitement (1) ; de plus qu'ont mandé pour

(1) La ville de Salé était bloquée par la flotte anglaise qui y avait été appelée par un parti hostile au Sultan du Maroc.

avoir secours en Espagne. Car Monsieur André Pratz, Consul, m'écrit du Château, que me donne signe que se sont mis dans la forteresse de Roscous; sans autre. — Votre très-humble et obéissant serviteur.

» BLANCHARD. »

Lettre de M. Blanchard à M. Poncet Blanchard à Marseille.

Alger, le 18 avril 1632.

» TRÈS-CHER ET HONORÉ PÈRE,

» J'ai receu plusieurs vostres, par mains de patron Honoré Geoffroy, lesquelles me sont été rendues toutes ouvertes et ressarrées avec la cire rouge sans cachet, ledit Geoffroy s'excusant disoit que l'air marin les avoit ouvertes, chose qui est fausse; mais en tout patience. Ne vous étonnez pas si je ne vous ay mandé secours, puisque je crois, aurez appris comme fait trois mois et demy que me tiennent ici dans le baing du Roy à la chaîne, par le mandement de M. Sanson, mandé sous prétexte de faire venir les Turcs que sont en France; mais son prétexte est découvert. Car il ne pouvoit me faire mettre à la chaîne ni me faire tailler les moustaches qu'il ne fit mettre tous les Francois en chaîne avec (1) et nous faire travailler avec les macons. Les ministres à moy m'ont dit que c'étoit parce que les Francois que j'envoyay s'en allèrent en Barcelone au lieu de s'en aller à Marseille; mais toutes les excuses ne le sauroient couvrir; car les preuves en sont trop claires, que le jour que je m'en allay travailler avec les esclaves de là, me fit à venir voir Jacques Santo Massey, son agent, pour voir si je travaillois, et à la facon que m'avoient laissé le visage, faisant un soubrire; j'ai appris que mes

(1) A mesure que sa captivité se prolonge, l'esprit de Blanchard s'aigrit : maintenant, il accuse Sanson d'avoir fait mettre au bagne tous les Français, pour avoir le prétexte de l'y faire mettre lui-même. Nous le répétons : est-ce probable ?

moustaches sont été pliées dans un papier, et envoyées au Bastion audit Sanson. J'en écris à Messieurs les Consuls, que vous prie rendre les incluses; ce déténement me coûte deux cents pièces de huit; que est venue en cette ville une barque de Barcelone, chargée de marchandises qu'il venoit adressée à moy, que je eusse gagné les provisions; le patron d'icelle est nommé Agoustin Planes. J'ay eu de lettres par voye d'Oran, venant de Mayorque, lesquelles me donnent avis que m'envoyent une barque que s'en vient adressée à moy, à ce que m'en écrit le Sig" Antoine Malso, son père. J'ay recu une lettre du patron Honoré Négre sur les six cents moulues que je lui consignay pour vendre, non pas pour laisser en arrière; la vérité est telle qu'étoient ressus, mais étoit beau. Je lui fais réponse à la sienne, que je crois vous donnera satisfaction; car là où les a laissées, en aura eu le moins une double d'Espagne du cantal (1). *(Ici une partie de la lettre a été perdue.)* J'ay envoyé partie de mes hardes par cousin Honoré Angles, je crois vous les aura fait tenir; sinon vous prie lui écrire à Ligourne; adressez les lettres à cette heure à Monsieur Jehan Rabut, Consul de notre nation, qui lui fera tenir à lui et à moy ici aussi; si m'écrivez, adressez les lettres au Signor Francois Sabari, al Soq de la Mantega, lequel marchand demeure dans la maison où je demeure; c'est un marchand Ligournois.

» Je suis, etc..... (2) ».

Lettre de M. Sanson de Napollon à MM. les Consuls et Gouverneurs de la ville de Marseille.

Du Bastion, le 1er juin 1632.

« MESSIEURS,

» Je suis grandement marry de la continuelle poursuite que

---

(1) Mesure de l'époque. (Voir le dictionnaire de Trevoux.)

(2) Cette lettre prouve que Blanchard s'occupait tout au moins autant de commerce que des affaires du Consulat: de là sa haine contre le Bastion et ses agents.

vous faites contre le plus affectionné et fidèle serviteur que ait la ville de Marseille et de la diligence que avez fait de faire venir par devant la Cour les impostures des patrons et mariniers que sont venus dernièrement d'Alger ; ne vous apportera jamais bénéfice ni profit ; et ne devriez jamais croire que je sois homme à faire mal ; Messieurs d'Alger détiennent les Francois, n'est pas chose nouvellé ; vous le devriez savoir ; qu'est depuis que Ragep Raïx (1) et son équipage fut en galère. Messieurs d'Alger l'ont écrit au Roy par un capitaine Francois, que le Divan d'Alger a mandé expressément ; vous savez fort bien que de tout temps les corsaires se servent de prétextes, et si vous autres aimez le bien public, vous vous y devriez employer en empêchant qu'il n'arrive aucun prétexte, et seroit le moyen que les Francois rencontreroient plus de respect. Je vous assure que vous ne trouverez jamais contre moy sujet véritable pour me nuire ; et si vous autres aviez l'affection que j'ay pour la liberté des esclaves, et en sortissiez et libériez tant que je fais, n'en resterait point en esclavitude.

» Si ce doit être pour avoir dressé le Bastion, c'est au Roy que vous autres vous y devez adresser, attendu que le Bastion est du Roy, et je le garde pour son service. Un grand nombre de Marseillois que sont ici y gagnent sa vie, et si vous désirez que m'arrive du mal, à grand peine en arrivera pire que celui que vos députés m'ont fait. Tout cela ne m'empêchera jamais de servir le commerce de Marseille avec l'affection que j'ay toujours eue. Les corsaires de Tunis ont pris une barque de Marseille ; à ce que l'on dit, et fort riche ; le tout a été inventorié et mis en dépôt.

» Aisé de le retirer, si vous autres désirez y prendre la moindre peine ; une escadre de gallions du Grand Seigneur, commandés par un nommé Béquir Bassa, vient à Tripoli de Barbarie prendre les dépouilles du Chérif que y fut tué ; doit venir à Tunis et peut-être à Alger. Sa commission, que a du Grand Seigneur, est autant que s'il étoit capitaine Bassa.

---

(1) Ragep Raïs avait été pris par les galères Royales, et il était enchaîné à la chiourme en attendant le châtiment de ses crimes. On voit par cette lettre que le Divan demandait instamment sa libération.

» Avec fort peu de chose, l'on pourroit retirer plusieurs François ; c'est une rencontre qui arrive fort peu souvent ; peut-être vous interpréterez autrement cet avis. Je décharge ma conscience, et vous en ferez ce que vous plaira ; et prieray Dieu que vous donne tout le comble de vos désirs et moy qui vous seray tousjours, Messieurs, — Votre très-humble et très-obéissant serviteur.

» SANSON DE NAPOLLON. »

Lettre de M. Blanchard à MM. les Consuls, Gouverneurs, Protecteurs et Défenseurs de la cité de Marseille.

Dans le baing du Roy, en Alger, le 26 juin 1633.

« MESSIEURS,

» Tout ainsy que Dieu pourvoit aux justes requêtes, et qu'il tire vengeance pour ceux qu'il aime, qui est les pauvres, ainsi a fait contre celui qui est cause que en cette ville, il y a deux mille trois cents Francois tant esclaves que détenus, sans ceux qui, par des extorsions insupportables, se sont reniés ; où Dieu, qui est tout juste, ne manquera juger équitablement contre ceux qui en ont été cause. Le sujet de ma missive est que les galères de cette ville ont pris quatre barques de Provence, où de deux d'icelles avoient fuis les gens ; où ayant tenu le Divan, dans lesdites galères et, à la réquisition du sous-comité de la capitane ont relaxé toutes les gens et mis en terre d'Espagne. Je n'ay voulu manquer vous en donner avis, encore bien que tous autres n'auront pas si bon marché. Par avis, sommes encore dans ce baing ténébreux où c'est la plus grande misère que se puisse voir. Je vous jure avec vérité qu'il y a plus de cinquante malades que meurent à faute d'avoir un morceau de pain ; et pour ceux que peuvent travailler, ne lui donnent que huit aspres par jour, et moy, que fait dix et neuf mois que suis céans, bien me fait que mes amis me prêtent de l'argent pour me nourrir ; ce n'est pas ce que j'attendois, que, après avoir dépensé le mien pour le service de ma patrie, d'estre récompensé de la sorte ; mais, qui veut savoir, faut qu'il paye son apprentissage ; ainsi est de moy. N'ayant autre à vous dire, si non que j'ay écrit par sept diverses fois à Sa Majesté, et par icelles fait savoir nos misères et je crois qu'il pourvoyera à nos justes requêtes. J'ay écrit aussi à Monseigneur l'Ambassadeur en Constantinople, par voye de Ossman Ogy, quand il porta le Bassa de cette ville; où je crois que de son côté, comme étant pieux, les pauvres lui seront en recommandation. Aussi par voye de Madrid j'ay écrit à Monsieur le baron de Barro (1), ambassadeur pour Sa Majesté, et supplyé d'en écrire à Monseigneur le Révérendissime Cardinal de Richelieu, parce que Sa Grâce m'avoit écrit pour un service, lequel lui fis, avant que d'entrer dans ce baing, et crois que ma lettre aura pu opérer en quelque chose. Messieurs, vous supplye très-humblement me pardonner si je ne sais écrire en courtisan; mais trouverez un qui a toujours aimé sa patrie et qu'il s'est ruiné pour le service du public; vous suppliant me permettre que je me puisse dire, après avoir prié le Créateur lui plaise vous faire continuer le souvenir des pauvres, et que je puisse tousjours être, Messieurs, — Votre très-humble et très-obéissant serviteur.

» BLANCHARD. »

Lettre de M. Blanchard à MM. les Consuls, Gouverneurs, Protecteurs et Défenseurs de la cité de Marseille.

Alger, le juillet 1633.

« MESSIEURS,

» La raison et le devoir de ma patrie m'invite à vous donner avis des extorsions et prises que se font tous les jours de nos pauvres Francois depuis ne vous avoir écrit; vous diray comme à présent se trouve deux mille trois cents Francois, tant vendus que en dépôt, où n'attendent que d'avoir un regard de la clémence de Sa Majesté; se soumettant tout affet à icelle, lesquels vous supplyent très-humblement intercéder pour eux à sa liberté et ce sera à gratia Domini; d'abondant je vous diray comme

(1) Il faut lire : le comte de Barrault, baron de Blaignac.

les galères de cette ville ont pris quatre barques de Provence, où avoient pris les gens de deux et les ont mis en terre. Sommes tousjours dans ce baing ténébreux, où tous les matins l'on n'entend, sinon que faire sortir les Francois pour aller tirer la charette ou porter terre ; et, a fin de la journée, avec huit aspres lui font son payement. Je vous jure que de ceux qui sont Francois, y a plus de septante de malades tous par patiment, sans que en est mort quantité ; ce pourquoy, Messieurs, vous supplye très-humblement y vouloir aviser, pour lui vouloir faire avoir son relaxement en chrestienté ; lesquels seront obligés tout le temps de sa vie à prier pour votre prospérité ainsy que souhaiter, et à moy à mon particulier, prieray le Tout-Puissant me permettre que je me puisse dire, Messieurs, —Votre très-humble et très-obéissant serviteur.

» BLANCHARD. »

Après la mort de Sanson Napollon (1), les relations avec Alger continuèrent à devenir de plus en plus difficiles. Personne n'y représentait la France, dont les sujets n'avaient aucune sécurité ; toutefois, les établissements furent respectés. Nous verrons dans une prochaine étude à combien se montèrent les pertes faites pendant cette période, et quels moyens la Cour de France crut devoir employer pour arrêter la marche progressive du mal.

(1) On a pu remarquer combien varie l'orthographe de ce nom dans les divers documents que nous avons publiés : on le trouve écrit : *Sanson Napollon*, *Sanson de Napollon*, *Napolon*, et *de Nappolon*. Le capitaine signait *Sanson de Napollon ;* mais les lettres officielles le nomment *Sanson Napollon*. C'est cette dernière leçon que nous avons adopté. Il avait été consul à Alep de 1614 à 1616, avant d'être choisi pour la mission dont nous venons de faire l'histoire.

ALGER. — TYPOGRAPHIE ADOLPHE JOURDAN.

ALGER. — TYPOGRAPHIE ADOLPHE JOURDAN

www.ingramcontent.com/pod-product-compliance
Ingram Content Group UK Ltd.
Pitfield, Milton Keynes, MK11 3LW, UK
UKHW020328250726
13967UKWH00004B/1918

9 782011 750389